損ができない人間に得なことなど絶対に訪れない

人生巻き込んだ者《モン》勝ち

辻 敬太
Keita Tuji

はじめに

今から二年前に『従業員を惚れさせる「人に投資」する技術!!』という本を出しました。以前から僕のことを知っている方からも、僕のことを初めて知ったという方からもとても好評をいただいて、売り切れになる書店もあったそうです。

僕自身、最近になってあの本を読み返す機会がありました。

本を書いた当時は内容に自信満々で、僕の考え方や仲間の紹介など満足できる本を出すことができたと感激したものです。しかし、今になって読み返してみると、正直言って、なんて薄っぺらな考え方で本を出したものだなという反省が先に出てきます。

もし二年前に戻れたら、〝よくもお前、これで満足できたな!〟と一発殴ってやりたい気持ちもあります。しかし、そう思えるのも成長した今の自分があるからで、過去の自分を否定するよりは、今の自分になれたことを素直に喜びたいと思います。

もちろん、今の自分もまだまだ成長の途中ではあることは承知の上です。


あれから二年が経ち、この間、出版のお話はいくつもいただきました。

しかし、まだまだ考え方が変わっていない部分が多く、前作を超えることはできない、読者のみなさんの心に響かないかもしれないと思って断ってきました。

今回の本は、自分自身が成長できたと思えるタイミングで出しました。

二年前よりアップデートした僕の考え方を披露できると思いますし、今の僕の心から溢れ出る気持ちを綴らせていただきました。


前著を見ていただければ一目瞭然ですが、二年前の僕はギラギラしていました。

フォーマルの青いスーツは今も変わりませんが、顔の色、髪型、目付き……どれを取っても成り上がってやろうという若者の野心が窺えます。

一言で言えば、当時はお金を追っていました。

もちろん、当時の僕を否定するつもりはありません。あのときの自分があるから今の僕があるのです。

それでは、何がどう変わったのか？

詳しくはこれからお話ししようと思いますが、これまで何年もビジネスをやってきて、令和元年ほど満足できた年はありませんでした。

昨年は思い切り夢中になれたという意味でも、実に象徴的な一年でした。たくさんの人に出会えましたし、多くの優秀な人材を巻き込むことができました。

それまでの数年分をたった一年で経験したような濃密な三六五日でした。

もう一度、昨年一年間をやり直しても、同じようにはできないというくらい夢中になった自信があるので、ものすごく大きな達成感がありました。

同時に、この達成感をこれから毎年積み上げて行かないといけないことも学びました。

今年も昨年以上に夢中にならないと意味がなくなるわけですから、スタートからフルパワーで突っ走っていますし、昨年以上のポテンシャルを見せないと、これまで以上に人を巻き込むことはできないと思います。

昨年と同じでは、新しくついてきてくれた人たちが離れていってしまうでしょう。僕についてきてくれている人は、そのあたりをシビアに見ています。

人間は環境に慣れてしまうと安心して進歩するのを忘れてしまう生き物です。だからこそ、今の環境が万全だと思わないように、常に戦っていないといけません。
二〇二〇年もまた、来年になって振り返ったときには変化の多い年として、より進歩したと思える年として記録が作れるよう全力で走り続けます。

二〇二〇年四月吉日

辻 敬太

人生巻き込んだ者《モン》勝ち

目次

CHAPTER 5

人を巻き込むための法則

CHAPTER 1

自分自身を知ることが成長への第一歩

ビジネスでも恋愛でも、
人を巻き込もうとするなら、
まずは自分を理解しないといけない。

コンプレックスのない人間などいない。
コンプレックスを補おうと努力するから
人は成長する。

人生
巻き込ん
辻 敬太

自分で自分を安売りするな！
自分の可能性を最大限に評価して努力しよう。

自分の長所が分かったら、
そこを伸ばして戦えばいい。
自分の苦手なところでわざわざ戦う必要はない。

自分のプライドだって簡単に捨てられることが、
僕の一番のプライドだと思っている。

ビジネスに正解というものはない。
正解を探すより、
正解を創ることが大事である。

自分を知る
Power Word
❶

誰よりも自分を理解することが大切

僕のビジネス哲学は極めて単純で、それは〝人を巻き込む〟ことです。

これは僕がビジネスを始めたときから変わっていない考え方で、座右の銘と言ってもいいでしょう。人を巻き込むことで成長し続けられると僕は思います。

前作では〝人に投資する技術〟を書きましたが、僕としては人に投資することでいろいろな才能ある人たちを巻き込んでビジネスに発展させるわけです。

もちろん、人に投資するためには相手のことをよく知らないといけません。

でも、相手のことを理解する前に、まずは自分という人間を正しく理解していないといけません。人は、意外と自分を客観的に見ることができませんから、自分で自分のことを正しく理解していないことが多いんです。

自分はこういう人間だ、あるいは、自分はこうありたいという先入観、いわゆる思い込みが強く、自分のことを正しく認識することができていないのです。


この本を手に取ってくれた方の中には、すでに僕が何者かを知っている人もいらっしゃるかと思いますが、当然、初めて僕のことを知った方もいらっしゃるでしょう。

自分を正しく理解するという意味でも、本論に入る前に自己紹介から始めます。

僕は今、「辻敬太起業サロン」というコミュニティーを主宰しています。

このサロンは昨年、キングコングの西野亮廣《あきひろ》さん、ホリエモンこと堀江貴文さん、それぞれが主宰するサロンに次いで、収益の面で全国三位に選ばれました。ビッグネームのお二人に次ぐ立場ですから嬉しいのは事実ですが、内心、一位になりたかったものです。

今後、僕がもっと活躍することで、近いうちに一位が実現できるでしょう、いや、絶対に実現してみせます。

また、具体的なビジネスとしては大阪を中心に飲食店や美容院などを展開しています。

飲食店は起業からわずか二年余りで全国約五〇店舗まで広げて注目を浴びました。

その後は美容院やオーダースーツの店などを手掛け、全体の売上は数年で三〇億円を超える規模となりました。嬉しいことに、関連企業の離職率が約一パーセントということで話題になったりもします。

――以上が簡単な自己紹介ですが、先ほど書きましたように僕のビジネスは人に投資して、人を巻き込むのが基本です。そのためには人を見る目が必要ですが、人を見るにはまず自分をよく理解しておかないといけません。

人間を理解する手段としては、その人の性格がポイントになってくるでしょう。性格には長所と短所があって、明るい、暗い、優しい、優しくない、打たれ強い、打たれ弱い、我慢強い、我慢強くない……などさまざまです。

「辻社長の一番の長所ってどこですか?」

そう聞かれたとき、僕は間髪を置かずこう答えることができます。

「自分自身を誰よりも客観視できることです」

客観視とはどういうことかと言いますと、〝僕は今、周囲からこう見られている〟とか、〝この女性は僕にこんなことを期待しているな〟……といった状況判断が瞬時にできるということです。

これが分からないと、自分が次に取るべき行動を選択することができません。どんな行動をすべきかあれこれ迷っていては相手に失礼な奴だと思われてしまいます。

仮にこんな状況を考えてみましょう――。

Aさんにご飯を誘ってもらい、その流れでホステスのいるクラブに招かれたとします。もちろん、クラブでは自分がAさんより目立ってしまってはいけません。あくまでAさんを立てないといけないわけで、そこが分からずにいい気になって騒いでいると「お前、いい加減にしろよ」とAさんの逆鱗に触れてしまいます。

ただし、相手を立ててばかりでもいけません。ほどほどに目立って楽しんでいる姿を見せないと、Aさんに「少しは楽しめよ！」「面白くないの？」と気を遣わせてしまいます。

このあたりのさじ加減が重要で、僕は瞬時にそれを見極めることができます。

「そんなこと俺にもできる」、「自分のことは自分が一番分かっている」……みなさんそう言いますけれど、これが意外と難しい。仮にふだんは分かっていても、いざというときに勘違いしてしまうこともよくあります。

だから、ＫＹ――空気が読めない発言をしてしまうんです。

これって、その場の空気を読めないのではなく、自分のことを分かっていないんです。

でも、僕にはそれがよく分かります。そこを僕は自分の一番の長所だと理解していますが、これは僕という人間に備わった一種の特殊能力のようなものかもしれません。

まずは自分自身を正しく客観視できないと優秀な経営者にはなれませんし、人にビジネスを教える立場にはなれないと思うので、そこは自信を持っています。


日常のあらゆる場面で、自分の立ち位置を理解するのは大切なことです。

この立ち位置の理解を間違えると出しゃばることになりますし、〝あいつはＫＹな人間だ〟と人から好かれなくなってしまいます。

そんなことでは人を巻き込むことなどできません。

人を巻き込むためには自分自身を理解しておかないといけませんし、自分を客観視して時々刻々変わっていく自分自身の見られ方を分析するのは大事なことです。

自分を知る
Power Word
❷

短所を克服するより長所を伸ばせばいい

前述しましたように、人間の長所や短所は人それぞれ違います。

立派な人間になるためには長所を伸ばした方がいいのか？

それとも短所をなくした方がいいのか？

……この二つは人間教育における永遠のテーマでもあります。


僕自身は長所、つまりその人のいいところを伸ばした方がいいと思います。

自分の長所が分かったら、そこを伸ばして戦えばいいわけで、何も自分の苦手なところでわざわざ戦う必要はありません。

そもそも僕自身、あまり自分の苦手なところを考えたことがありません。短所など長所の陰に隠れて見つからないくらいでいいんです。

また、わざわざ短所で戦う必要はないという点では、経営者としての僕は無理なことを覚えたりはしませんから、ビジネスのマニュアル本を読んだりすることもありません。英語を勉強することもないですし、飲食店の調理技術や、美容室の美容技術を学ぼうとは思いません。そこは専門家に任せればいいだけのことです。

言葉が通じない海外でも通訳を雇えば十分ですし、これからはスマホの翻訳機能で十分になってくるでしょう。調理も美容も専門家に任せればいいんです。

そこで無駄な成長をしても意味がありませんし、自分の得意分野で戦えれば十分です。

〝短所を克服するより、長所を伸ばす方がいい〟

――そう教えてくれたのは恩師である高校時代の野球部の監督でした。

プロ野球選手になるのが夢だった僕は、故郷の大阪を出て岡山県にある全寮制の高校に入学しました。そこで出会った野球部の監督は立派な方で、短所を克服するより長所を伸ばす指導法で僕を育ててくれたのです。

野球はチームスポーツですから、一点を取るためには全員の強力が必要です。

特に高校野球では四番バッターでさえ送りバントを要求されます。目先の一点のために自分が望まないプレーをすることも少なくない世界です。

しかし、人から指図されるのが大嫌いな僕は自己中心的な言動を繰り返し、監督やコーチのサインを無視することもたびたびありました。

そんな僕でも監督は試合に出し続けてくれました。

ただし、それはえこひいきではなく、僕がチームの誰より練習をいとわなかったからだと思います。僕は誰よりも早くグラウンドに来てボールに向かい、誰よりも遅くまで素振りをしました。上手になるための練習や努力は僕にとって当然のことでした。

また、監督は人間的にも非常に尊敬できる方でもありました。

選手が失敗しても非難することなく、「指示した俺が悪い」と言って自分の責任とし、選手がサイン通りのいいプレーをしたときは「選手の実力だ」と褒めてくれました。

そんな監督の下でプレーしたことで僕の人生観が培われました。

ですから僕は、部下の失敗は上司の責任、部下の成功は部下の成功と認めることができます。ふつうはその逆で、部下の失敗は部下の責任、部下の成功は上司の成功と、いわば手柄を横取りする管理職は多いのです。そんなことでは人材は育ちません。

高校三年間で残念ながら甲子園出場は果たせませんでしたが、卒業後、僕は福岡にある大学に入学し、野球を続けることにしました。ですが、大学野球部の監督とはそりが合わず、試合に出させてもらえないどころか、ベンチから外されたこともあります。

そんなとき、高校時代の監督がわざわざ福岡まで訪ねて来てくれました。

「勝手気ままに見えるけれど、そこがお前の長所や。そこを見抜けない監督のミスや」

そのときの監督の言葉は僕の支えとなりましたし、〝短所を克服するより、長所を伸ばす〟やり方は今も僕の心に深く根付いています。

監督には感謝してもしきれないほどの恩義を感じています。

自分を知る
Power Word
❸

自分の可能性を低く見積もるな

「どうせ自分には無理だから、やめました」

「うまくいかないと分かっているのに挑戦するなんて馬鹿じゃないですか」

最近の一〇代、二〇代の若者の中にはそんな考え方をしている人間が多いようです。

自分も少し前までは二〇代でしたから、そういう考え方の若者がたくさんいることはよく知っています。しかし、やる前から無理とか、どうせ失敗するに決まっている……そう考えるのは、自分という存在を必要以上に低く見積もっていることになります。

やる前から自分の可能性を低く見積もるのは絶対にしてはいけません。

一度、自分を安売りしてしまうと、生きている間、自分をズルズルと安売りし続けることになります。エルメスやルイ・ヴィトンのように何百年続くハイブランドは絶対に値引きしないでしょう。人間だって値引きしてはいけません。

自分を安売りする人間は成長しませんし、自分の価値を高めることもできません。常に自分の可能性を最大限に評価して努力することが大切です。


――では、なぜ人は自分を安売りしてしまうのか？

これも結局は、自分自身を正しく理解していないことの弊害だと思います。

自分自身をよく理解できていないから、自分を安売りしてしまう。若さゆえの過ちとも言えますが、逆に言えば、若いということはまだまだ伸び代があるということです。

ですから、自分の限界はここ、自分の能力はこの程度……と勝手に決め付けてはいけません。自分の限界に対して努力をして欲しいし、もっと成長して欲しいと僕は考えています。そうやって自分の可能性を広げることで実力が伸びていくんです。

自分の限界という意味では、自分で自分に枷《かせ》をはめているという点でコンプレックスの存在は避けて通れないかもしれません。

人は誰しも何かしら他人には言えないコンプレックスを抱えていることと思います。外見的な容貌や性格、知識の習熟度、コミュニケーション能力、育った家庭環境など、人と比べて劣っているのではないかという人それぞれの悩み、触れて欲しくない〝恥〟のようなものがあるはずです。

僕にもコンプレックスはありますし、コンプレックスのない人間などいません。

でも、そのコンプレックスとどう向き合うかで人は成長することもできるんです。

コンプレックスはずばり、短所と言い換えることができます。短所だって自慢すればいいんです。長所は自慢すればするほど嫌味になりますから、あまりそこを強く主張するのは考えものです。周囲から、こいつはどれだけ自分のことが好きなんだと思われて終わりです。長所は自分自身で密かに伸ばせばいいだけのことです。

一方で、短所を謙遜しつつ自慢することで、この人は自分の短所をしっかり把握しているのか、立派じゃないかと思ってくれるはずです。当然、自分でもより一層短所を意識しますから、いい方向に変えていけばいいのであって、やがては短所が長所に転じることでしょう。

ですから、ぼくは短所は自慢しますが、長所は自慢しません。

コンプレックスを決して恥じる必要はありません。人はコンプレックスを補おうと努力することでより成長できるんです。コンプレックスがあれば、それをバネにして頑張ればいいだけのことなんです。

女性関係、恋愛関係においても同じことです。

美しい女性を好きになったとして、自分にはあんな美人は無理だとか、どうせ振り向いてくれないと勝手に決めつけていますけれど、どんどんアタックすべきです。

どうも日本人の男性にはそういう考え方をする人が多く、〝彼女は高嶺の花だ〟と勝手に決め付けてしまうようです。

でも、よくよく考えれば、日本人の八割、九割はネガティブな考え方をしています。ということは、美人にアタックしている人すら一割程度しかいない可能性があるわけですから、意外とライバルは少ないかもしれません。

それなのに、勝手に可能性を低く見積もって、俺には無理だとか、高嶺の花だから付き合ってもらえないに決まっていると思い込んでしまう。

ですから、実際にアタックしてみると上手くいくケースも意外と多いんです。とびきりの美女と平均以下の男性のカップルも街中でときどき見かけますが、だいたいこのケースと言っても過言ではありません。

ついでに言えば、僕自身は一割の方に入ると思います。

気に入った女性には平気でどんどん入り込んでいきます。それが僕の長所です。そこは実際に挑戦してみないと分かりませんが……。

いずれにしても、可能性を低く見積もることから成功は生まれません。根拠のない自信だってないよりあった方が絶対にいいんです。

現状打破、ブレイクスルーのためには自分を決して低く見積もってはいけません。

自分を知る
Power
Word
❹

正解を探すのではなく、正解を創る

ビジネスにも恋愛にも、正しい答え=正解はないと思います。

日本人はマニュアルが大好きで、何でもマニュアル通りに行動するのが得意です。しかし、経営そのものにマニュアルはありません。つまり、正解と言えるものはないんです。もし正解があるとしたら、それは経営者一人ひとりの選択こそが正解なのです。

自分の過去も未来も自分で創るものです。もとからあるものが答えではなく、大事なことは正解を自分で創り、それを実現することです。


ですから、正解は自分で創っていかないといけません。

僕の場合、ビジネスにおいて人を巻き込むやり方を否定する人もいますし、一〇〇人いたら一〇〇人全員が賛同するわけでもありません。大事なことは自分で正当化することです。僕は辻敬太のやり方が正解であることを世間に証明するため日夜戦っています。

僕についてきてくれている人たちにも、僕のやり方が間違っていなかったと証明しないと失礼ですし、そうしないと僕についてきて良かったと思わないでしょう。

辻さんについてきて良かった……そう思って欲しいから僕は戦うんです。


当然、正解の一つが〝人を巻き込む〟ことにあるのは間違いないでしょう。本書のタイトルにもしましたけれど、どれだけ人を巻き込めるかが僕のビジネスの最重要ポイントであり、これは以前から変わっていません。

辻敬太の経営哲学のぶれない大きな軸——それは〝人〟、つまり人材です。

どれだけ多くの優れた人材と出会い、巻き込むことができるか。どれだけ多くの人の人生を変えられるかがポイントで、言い方を変えれば辻敬太の〝信者〟をどれだけ作れるかが僕のビジネスの〝鍵〟なのです。


もしかすると、人を大切にする僕のやり方も正解ではない可能性もあります。ひょっとすると、お金を追うやり方が正解なのかもしれません。

でも、世の中を見渡してみれば、お金を持っている社長は腐るほどいるでしょう。僕は人と同じことをするのは嫌ですから、お金より〝人〟を選びました。人に投資するやり方が正解と信じていますから、死ぬまでこの考え方を変えるつもりはありません。

自分を知る Power Word ❺

目指す場所で人は変わる

〝男子、三日会わざれば刮目《かつもく》して見よ〟

これは『三国志演義《さんごくしえんぎ》』の中の、呉《ご》の武将・呂蒙《りょもう》の故事からできた言葉です。人は誰しも外見からは分からない能力を持っていて、努力すればわずか三日間という短い時間でも、人間はまるで別人のように変わることができるという意味です。

この言葉は言い得て妙で、『従業員を惚れさせる「人に投資」する技術!!』を見てくれてもいいですし、僕の最近のツイッターやインスタグラムを一昔前の写真と見比べていただければ一目瞭然と思いますが、昔の僕と今の僕とは風貌が全くと言っていいほど違うことに気付くはずです。

当時の容貌はまさに〝イケイケ〟の青年実業家そのものです。今の自分とどちらが本来の自分に近いかと言えば、圧倒的に今の僕の姿だと思います。

二年弱でなんでこんなに変わったのでしょう？　いや、変われたのでしょう？

――それはやはり、人としての力、つまり人間力が付いたからだと思います。

イケイケの僕を期待してコミュニティーにやってきてくれた若者たちには、「お前らも早く変われよ！」と言っています。

若いうちはブランド物を身に付けてギラギラしているのもいいけれど、やはり、本物の社長、本物の女性、本物の人間に相手してもらおうと思ったら、それではまず無理です。

金色に染めた髪にしても、ブランド物の時計や靴にしても、ピアス、ネックレス、ブレスレットにしても、本物の経営者は表面のギラギラなどに惑わされません。

一流企業の社長さんでギラギラしている人なんていませんし、一目で高価と分かるような物で着飾ることなんてしません。さほど高くない服を着ても、上品な服であればその人自身に魅力があるから格好よく見えるんです。

ですから、早くこっち側に来ることが同世代との差をつける近道だと僕はアドバイスしています。すると、その子たちも納得してくれます。

正直に言いますと、二年前は僕も調子に乗っていました。三年前、四年前はもっとイケイケでした。でも、あることをきっかけに〝なんて自分はダサいんだ〟〝なんだか格好悪いな〟と思うようになったんです。

大阪から東京に出てきてからは、お世話になっている社長さんはもちろん、日本のトップ一〇に入るような大企業の社長さんとお付き合いさせていただけるようになりました。

そんな中で一つ気付いたことがあります。

〝上には上がいるんだな〟と——。

そして、立派な社長さんたちを見て、〝こっちのほうが格好いいな！〟と思いました。

日本経済を動かしているような実力のある社長さんたちは外見も中身も全然違うと感心

しました。半端じゃない真の人間的魅力に圧倒されました。

そんな立派な社長さんたちでさえ謙虚なのに、〝なんで自分みたいなヤツがギラギラさせて調子乗ってんねん〟と痛感させられました。

人は稲穂と同じで、偉くなればなるほど頭を垂れて、腰も低くなるものです。

彼らと一緒に並んだときに何とも恥ずかしくて、その場ですぐに超高級時計を腕から外し、その日のうちに売りに行きました。


でも、こんな話をすると、人ってそんな簡単に変われるものか……と疑問を持たれる方も多いと思います。

はい、僕はすぐに変わることができるんです。自分自身の在り様や考え方をすぐ変えられるのは僕の強みです。自分自身を理解しているからすぐ変われるんです。

こんな行動、あるいは思考をした方が絶対に成長できるとか、こうした方が絶対よく見られるんだな……と一瞬で理解できました。それを自分で判断できたことが良かったたし、成功している社長さんたちのおっしゃることを素直に受け止めることができました。

経営者って実はプライドが相当高いですから、なかなか自分の考え方を変えることができません。成功した経営者であればあるほど、それまでの自分の信条や成功システムに対する過度の信頼があるから、自分をなかなか変えられないものです。

でも、僕は自分のプライドだって簡単に捨てられます。

そんな古ぼけたプライドは捨てて、新しいプライドにリセットすればいいだけのことです。自分の信用とプライドは別だと考えているので、僕は自分のつまらないプライドなど簡単に捨てることができます。

また、変化にかける時間だって、これで速いと甘えていたら駄目ですから、自分はまだまだもっと早く変われると決意し、変わることを楽しまないといけません。

安いプライドを簡単に捨てられたことが成長につながりましたし、僕に付いてきてくれる人もますます増えたので、やはりプライドを捨てて良かったと思います。

CHAPTER 2

成功者より成長者でありたい

成長し続けることが成功であり、
成長の先に成功が待っている。

昨日の自分より今日の自分、
今日の自分より明日の自分。

リスクを背負わないこと、
リスクから逃げていることが、
一番のリスクだと思う。

いつまでも挑戦し続けて、
幾つになっても輝いている大人でありたい。

自分に自信を持っているから
心に余裕ができて、
人に優しくできる。

心に余裕がある人間の元には
人が集まってくる。

成長のための
Power Word
❶

成長することが一番の成功である

人は誰しもいろいろな意味で成功を目指していると思います。

お金持ちになりたいとか、有名になりたいとか、社長になりたいとか、好きな女性と一晩過ごしたいとか……大なり小なり成功を夢見るものです。

成功は一つのゴールであり、到達点と考えている人は多いでしょう。

でも、僕が人生で大事だと思っているのは成功より〝成長〟です。

成功することで人はある種の達成感を得てしまい、それで満足して挑戦を終わりにしてしまうことが多いでしょう。でも、成功の後にも人生は続くんです。

一方で成長に終わりはありませんから、僕は一生、成長者でありたいと願っています。

ところで、みなさんはこの一年間で何か変わった部分はありましたか？

そう聞かれたら、学生さん、会社員の方、ほとんどの方はそうだと思いますが、一年前と比較してもあまり変わっていないことでしょう。

僕も二七歳、二八歳くらいまでは全然変わっていませんでした。起業して、事業を拡大して、それなりに満足していましたけれど、今思えば、毎年毎年、ふつうに働いて、ふつうに成功してきたなと思っていたんです。

それがふつうでなくなったのは三、四年前のことです。

前述しましたように、東京に出て来て立派な社長さんたちと出会ったことで、考え方、生き方がガラリと変わりました。二〇一九年は平成から令和に年号も変わりましたが、僕の人生も外面、内面ともにガラリと大きく変わった年でした。

東京に出て来たばかりの頃、いろんな方から僕の表面的なギラギラした部分を指摘されて、「お前、それじゃ大切な人を紹介できないぞ」などと言われました。

それでも当時の僕はモテることにフォーカスしていたので、その場は頷きながらも、内心では聞く耳を持っていませんでした。僕の中では成功した人間＝高価なブランド品を身に付けた人間であり、ギラギラしていてどこが悪いと思っていました。

僕は東京に出てくるまで、ずっと成功を目指していました。今の若い子が成功したい、お金持ちになりたいというのと一緒です。

しかも、できるだけ早く成功したかったというのもあります。四〇代、五〇代で社長になってお金持ちになっても、そういう方は日本にいくらでもいます。その年齢になってようやく成功しても全然格好よくないと思ったんです。

僕は三〇代、いや二〇代でできるだけ早く成功して、お金持ちになりたかった。

しかし、よく考えてみると、成功は人それぞれです。月収一〇〇万円もらえたら成功と言う人もいれば、年収一億円になっても成功と思えない人もいるでしょう。

でも、成長は違います。昨日の自分より進化していればそれは成長であり、同じなら停滞です。シンプルで非常に分かりやすい。

もちろん、何をもって成長とするかは難しいところではありますが、昨日できなかったことが今日はできるようになったのなら、それは明らかに成長したと言えます。

そもそも僕は一つ所にとどまることは停滞と考えていて、停滞することが大嫌いな人間です。ですから、成長という言葉に強く惹かれるのかもしれません。

考えてみれば、成長は生物の中で人間のみに与えられた特権です。

人間以外の生物は常に同じことの繰り返しで日々を生きていますが、人間は違います。

どうやったらよりよくなれるかを自問自答し、それを実現することができるんです。その結果、人間社会は今日まで進化することができたのです。

でも、成長は分かりやすい反面、きりがない、終わりがないとも言えます。

「何や、昨日よりちょっとだけ成長すればいいなんて簡単やないか！」

――そんなふうに揚げ足を取る方がいらっしゃるかもしれません。

しかし、日々、いや、一分一秒成長を続けるのは簡単なことではありません。成長＝厳しい道を選択してレベルアップすることですから、非常にしんどいのも事実です。逆に言えば、成長を止めてしまえばこれほど楽なことはありません。

〝疲れた、もういいや！〟

〝これくらいで十分や！〟

そう思うことができれば楽ですけれど、残念ながら僕にはそれが絶対に許せません。毎日毎日、いや、一分一秒、常に成長していたい。

昨日、今日と続けて会った人からだって「今日の辻くんは昨日会ったときから変わったね」と言われたいし、極端なことを言えば一日のうちでも「あれ、朝会ったときと雰囲気違うんだけど、何かあった?」と言われたらすごく嬉しいです。

ですから常に成長を意識していますし、その陰で常に反省しています。成長するには反省がないといけませんからね。成長は反省の上に成り立つものなんです。

成長のための
Power
Word
❷

人間は常にアップデートしないといけない

僕が運営しているコミュニティー「辻敬太起業サロン」の会員数は、現在、六〇〇人以上です。僕はその六〇〇人一人ひとりをしっかり覚えていますし、毎月、その方たちと一対一でお会いする時間を設けています。

会員の方は一人ひとりそれぞれで、前回お会いしたときより変わっている人もいれば変わっていない人もいます。でも、僕自身は成長して変わっていないといけないわけで、その部分に関しては常に意識しています。

僕の成長の陰には、日本にコミュニティーがたくさんある中から僕を選んでくれた会員の方々の存在があると言っても過言ではありません。彼らに前回とは違う姿を見せるためには、絶え間なく成長し続けていないといけないのです。

「辻さん、この前会ったときよりグレードアップしていますね」

――僕は六〇〇人の会員の方々から常にそう言われたい。

携帯電話と一緒で、常にアップデートされていないといけません。

今や二つ折りのガラケーは天然記念物で、iPhone のように常にアップデートしていかないといけません。そうしないと時代においていかれるからです。

iPhone の話をしましたけれど、iPhone のようなスマートフォンが世に出てから十数年が経ちますが、その間、機能は相当進化しました。もっともスマートフォン以前、携帯電話が誕生したころはまるでカバンのような本体を肩から下げていたんですから、その進化の度合いには目を見張るものがあります。

でも、長いスパンで見れば進化の度合いは大きいですけれど、反面、この数年でスマートフォンの性能がどう変化したかというと、小さくなって軽くなったとか、カメラの性能がよくなったとか、バッテリーが長持ちするようになったとか……以前ほど目を見張るものではなくなったのも事実です。

進化が進めば進むほど、変化の度合いは小さくなっていくのは仕方のないところです。僕自身、これからも進化し続けていくつもりですけれど、そこで進化をやめてしまうことはできません。一回甘えてしまうと今後の人生甘えてしまいますから……。

僕に妥協という言葉はないですし、常に成長したいと考えています。

それだけでなく、僕は秒速のスピードで成長することを心掛けています。秒速のスピードでも、小さな成長の積み重ねが大事だと思います。

昨日の自分より今日の自分、今日の自分より明日の自分という感じですが、あまり先を見てしまうと足元が見えなくなりますから注意しています。これから踏み出す一歩が昨日とは違っているよう努力し、一日一日成長することを心掛けています。

今日まで僕も相当成長していますけれど、スマホの成長同様、ここまで成長すると昨日の自分を超えるのはかなりの難題になってきます。

ぶっちゃけて言うと、進化の度合いが細かくてしんどい部分もあります。

しかし、たとえ小さくともその一つひとつの成長の積み重ねが一年という長いスパンで見れば後に大きな変化になったとか、二年でこれだけ変化したのかという目に見える確かな喜びとなることも分かります。

ですから、一日一日反省し、試行錯誤し、悩んで、悩んで、迷って、迷って決断し、実際にやってみて、また失敗して、また立ち上がる……小さな繰り返しの連続です。

人間、いかに場の空気を読んでも一〇〇回中一〇〇回とも成功するとは限りません。

僕だって空気が読めると言っても、神様ではありませんから失敗して後悔することもあります。でも、失敗を失敗のままにしておくのは絶対にいけません。

僕は毎日、毎日、夜寝る前にその日の言動を反省しています。

夜寝る前、あるいは風呂に入るときに、必ず僕はその日の言動を反省する時間を設けています。細部に至るまで、今日の自分の行動を反省します。

たとえば、親交のある社長さんとご飯に行ったときなどでもそうです。

別れた後、〝もっと会釈を多くした方が良かったかな〟とか、〝もっと笑えば良かったな〟とか、〝話すタイミングが良くなかったな〟とか、〝お酒を注ぐタイミングを間違えたかな〟

……とか、非常に細かい部分が気になります。

実に細かい反省のように見えるかもしれませんが、そうじゃないと成長できません。

〝神は細部に宿る〟と言いますけれど、人を巻き込むには細心の心掛けが重要です。

女性とのデートの場合などでも、〝着て行く服間違えたかな〟とか、〝下心出し過ぎたかな〟とか、〝ボディタッチしすぎたかな〟……などといろいろな反省が出てくるでしょう。

しかも、僕が反省するのは失敗したときだけとは限りません。

成功したときでも細かい部分に目をやれば、〝あ、これはちょっといただけなかったな〟というポイントが必ず出てきます。それを毎日、あるいは毎回、反省することで反省材料をインプットして改善点をアウトプットする……そうやってアップデートするんです。


失敗を生かすことができたら、それは失敗ではなくなるんです——僕が言いたいのはそこで、それができて初めて人間的な魅力につながるんです。

前会ったときから成長していると思われない限り、忙しい人は二度と会ってもらえないでしょう。立場のある多忙な人は、会っても無駄な人とは絡む必要がありませんから。

逆に言えば、「あのとき世話してやったのに」とか、「昔の恩を忘れやがって！」とか、そういう愚痴を言ってばかりの人間がよくいるでしょう。

「お金持ちになったら会おうとしない」「あいつは天狗になっている」……などと僕も言われますけれど、それは天狗になっているわけではなく、今、その人と関わっても意味がないから会わないだけのことです。実に単純な理由です。

当時の僕にとってあなたは凄い人でした、でも、残念ですけれど今の僕にとっては凄い人ではなくなったんですというのがその理由です。昔の栄光に浸るのではなく、今の僕と絡みたいなら僕のステージまで上がってきてくださいというのが率直な意見です。

確かに、何者でもなかった僕を可愛がってくれたことにはもちろん感謝しています。でも、今現在、そこに力を使うかと言われたら、残念ですけれど使う必要はありません。もし会うなら同じステージに上がってから、お互い成長できると思ってから誘って欲しいと思います。これは友人も先輩もみんなそうです。

同様に子供時代の同級生から「飯食いに行こう」と言われても、僕は基本断ります。なぜかというと、その人たちと会っても成長できないからです。ですから、よく「敬太は変わったな」と言われますけれど、これって僕からしたら最高の誉め言葉です。

僕が今後、もっと上に上がることができれば、今絡んでいる人たちも必要なくなっていくと思いますけれど、逆に言えば、その人たちも一緒に成長できていれば一緒に上のステージに行けるんです。大事なのはそこです。

僕の中で今も会う人間、会いたい人間は成長している人、自分と一緒に高め合っていける仲間と言えます。ですから、僕は相手に「明日の辻敬太が見てみたい」と思わせないといけません。昨日の自分より今日の自分、今日の自分より明日の自分、明日よりも明後日……と、一日一日成長しないといけません。

極論すれば、一秒前の自分より成長していないといけません。

常に成長していれば、「こいつ面白いな」、「成長しているな」、「将来が楽しみだな」と言われるでしょう。常に相手にそう思わせるのが僕にとって一番大事なことです。

成長のための
Power Word
❸

夢中になれることで人は成長する

ビジネスでも恋愛でも、人生において夢中になるのはもっとも大事なことです。夢中とは「夢の中」と書きますが、あるとき、自分が夢中になれることって何だろうと考えたことがあります。

すると、自分自身のことでは意外と夢中になれなかったことに気付きました。逆に、誰かと出会って〝こいつを引き上げたい〟とか、〝こうすればこいつは成長するな〟とか、僕もまだまだ大したことはないですが、〝僕と同じくらいまでの思いをさせてやりたい〟と思う仲間や後輩のためだと思うと夢中になれることが分かりました。

僕はそうした思いだけで今日まで来たと言っても過言ではありません。

同時に、そうするためには僕もパワーアップしないといけないですし、成長しないといけません。力を付けないと彼らを引き上げることができませんから、そう考えてみるといつの間にか夢中になっていました。

人のために夢中になるには、もっとパワーを付けないといけないな……と。

何より、僕がパワーを付けないと僕の会社で働くメリットもありませんし、コミュニティーで僕に付いてくるメリットも少なくなります。正直、それが恐いという面もありますけれど、結局、僕自身が成長しないことには魅力がなくなるわけです。

僕が成長しているということは、多分、他の人たちも成長しているので、その成長スピードが彼らを上回らないと差が縮んでしまい、僕という存在が必要なくなるかもしれません。そう考えると、全てにおいて僕はパワーをつけないといけません。


この一年、俺って意外と人のために頑張ったな……というのが本音です。でも、そのときふと〝なぜ途中でそう思わなかったのか？〟と考えたことがあります。たぶん、一心不乱に夢中になっていたから途中で思わなかったんだと思います。

人のために夢中になってただ単に突っ走っていただけかもしれません。その意味でも、この一年でほんと夢中になることが大事だと思いました。


自分の仕事もおろそかにはできませんが、それより人のことを考えて夢中になるのはとてもいいことです。

夢中＝最強だと僕は思います。恋愛でも、スポーツでも夢中になれなかったら誰も勝つことはできませんし、夢中になれる人ほど勝てるんです。

当然、頑張っている経営者はみんな夢中になっています。

夢中になって、夢中になって、毎日、夢中になってがむしゃらに働いて、途中経過など気にせずに夢中になってやり続けたことで、気が付いたら自分はここまでこられたのかと気付くことさえあります。まさに今日までの僕自身がそうです。

僕のコミュニティーでもそうですし、会社もそうです。

精一杯がんばって、人を選んで出資したりとか、こういうコミュニティーの人たちと出会って、一人ひとりのことを思って夢中になって走っていたら、気付いたら意外と大きい団体になっていました。

結果なんて後から付いてくるもので、最初からこうなりたいと思ってやってきたわけではありません。一日一日、我を忘れて他人のために夢中になっていることで、凄いレベルにたどり着くことができたんじゃないでしょうか。

そういう意味では、夢中になることが人としても企業としても、大きくなるための唯一の方法かもしれません。

考えてみますと、人は自分のためだとなかなか夢中になれません。

自分のためだと、どこかでこれくらいでいいかという〝甘え〟が出てくるものです。でも、人のためだとそうは思いません。つらいこともありますけれど人のためだと続けられますし、次々と巻き込みたい人が出てきますから休む暇もありません。

もちろん、僕自身はそれなりの報酬も得ていますし、それなりのところに住まわせてもらって、それなりのものを食べることもできて、好きな買い物ができて、それなりに裕福でいさせてもらっています。

でも、どうしてここまでストイックに頑張れるかというと、やはり僕のことを信用してくれている人たちを巻き込みたい、その人たちのために何かしたいという気持ちがあるからだと思います。そのために頑張りますし、そのためにリスクも背負います。

そうすることで将来、自分も大きく成長しているかもしれません。

正解はまだまだ分かりませんが、そうやって走り続けた先に正解を創ることができると思います。

成長のための
Power Word
❹

挑戦しないこと、変わらないことが一番のリスク

人は成長することが大事だと話しましたが、僕は成長＝挑戦だと思っています。新しいことに挑戦する、難しいことに挑戦する、あるいは、リスクを負ってでも挑戦するときに人間は一番成長することができます。

たとえば、クイズを出されたときに人は頭の中で考えるでしょう。クイズが難しければ難しいほどああでもない、こうでもないと頭の中でたくさん考えます。そして——これは大事なことですが——たとえ答えが正解であっても間違いであっても、考えた分だけ脳は働いているし、その分、人は成長しているんです。

考えれば考えるほど細胞の中を電気信号が走り、脳神経はたくさんの化学反応を起こしていろんな回路が開いていきます。そうやって脳細胞が活発化していくんです。ですから、正解でも不正解でも、考えたことは無駄にはならないと僕は思います。

そのためにも、僕は挑戦と成長を続けているんです。

もちろん失敗に終わるときもあります。そんなに経営は甘くないという自負もありますし、仮に失敗するかもしれないけれど、挑戦することが一番の成長だと思うので、ビジネスにしても恋愛にしても、僕は挑戦から決して逃げることは絶対にありません。

現状、それで毎日生きていけるんですから、無理して変わる必要はないと思う方もいるかもしれません。変わること、新しいことに挑戦するときって誰でも恐いですからね。でも、成長するためにはやはり変わらないといけません。

みんな変わることを恐れていますけれど、変わらないことこそ一番のリスクとも言えます。これって恋愛関係でも同じなんです。

たとえばすごく尽くしてくれる彼女がいるとして、そんなあなたの前に〝運命の人〟とも言うべき女性が現れたとします。

今の彼女と別れて運命の女性に告白するのってすごいリスクですよね。

今は彼女がいるからリスクを取って告白するのはやめようと思いとどまったところで、その気持ちを見透かされて今の彼女にも振られてしまうとか、〝二兎を追う者は一兎をも得ず〟で、後で厳しい現実が待っているかもしれません。

だったら、当たって砕けろで、勇気を出して運命の彼女に告白してみればいいんです。

新たなことに挑戦するのは自分が変わるということで、僕は挑戦と成長は比例すると思っています。そこで挑戦することが人として変わるきっかけにもなります。

逆に言えば、現状維持は衰退そのものです。リスクを承知で挑戦する気持ちは大切にしないといけません。

成長のための Power Word ❺

自分でリスクを背負わないと成功はない

挑戦すること自体大好きですけれど、同時にリスクを背負うのも僕は大好きです。

リスクを背負わないこと、リスクから逃げていることが一番のリスクだと思って生きています。

挑戦に伴うリスクを嫌がる人は多いようです。

たとえば経営者にしてみれば事業拡大とか、そのための借金は挑戦に伴うリスクでしょう。成功した経営者ほど守りに入りたがるものです。

僕は守りに入ってしまうのは格好良くないと思っています。幾つになっても周りから見て格好いい社長、気持ちいい社長でありたいのです。

その理由は単純で、僕自身が気持ちいい人が好きだからです。

先輩でも後輩でも、気持ちがいい人、男気のある人が好きで、僕自身もそういう男でありたいと願っています。正直、今は不自由なく暮らしていけるだけのお金をもらっていますし、それだけの利益も出していますけれど、これで満足したら会社全体の勢いがなくなるし、社員に失礼じゃないかと思っています。

ですからリスクがあっても挑戦し続けることをやめません。

——ここで一つ打ち明け話をしますと、僕って意外と臆病なんです。

人に嫌われることを気にするタイプですし、案外寂しがり屋で、人から好かれたいと思っている人間です。あまり大きな声では言えませんが、これは本当の話です。

そんな性格ですから、周囲の人が「敬太さん！」「敬太さん！」とついてきてくれるにはどうしたらいいかを考えるわけで、そのためには常に魅力的な僕でいなければならないということが重要なポイントだと思います。

そのためにも、僕はいつも先頭に立って魅力的な姿を見せ続けていくつもりです。

スポーツ選手でも俳優でも、あるいはアイドルでも、子供のころに憧れていたヒーローが、大人になってから会ったらイメージと違っていてショックだったことってあるでしょう。

女性も一緒です。昔は綺麗だったのに……ってがっかりすることがありますよね。

僕はこれを相当経験しています。子供のころに憧れていたプロ野球選手と引退した後に会ったことがありますけれど、意外とオーラがなく、年収もそこそこでごく普通の人になっていた……これでは夢がなくなりますよね。

憧れの対象だった人は幾つになっても憧れの対象たる人でいて欲しいと思います。

ですから僕もいつまでも挑戦し続けて、幾つになっても輝いている大人でありたいと思ったんです。でも、そっちの道を選ぶということは、実は凄くしんどいことです。

挑戦し続けることはめちゃくちゃしんどいんです。

しんどいから、みんないつまでも険しい道を選ぶことはなく、楽な道を選んでしまう。険しい道を乗り越えて成功して、ある程度お金持ちになったら第一線から身を引いて沖縄や海外のリゾートでゆっくり暮らす――これは楽な道だと思います。

でも、僕は多分そうした生き方に決して楽しさを感じることはないでしょう。

僕は死ぬまで戦い続けるつもりです。常に険しい道を選んで、死ぬまで挑戦したいという気持ちには変わりはありませんし、最後の最後まで挑戦し続けます。

成長のための Power Word ❻
自分との約束を守った数だけ自信になる

突然ですけれど、あなたは〝大人の男〟ってどういう人だと思いますか?

仕草や考え方が格好よくて、たくさんの人がついてきてくれるような魅力に満ちた男性というのが、やはり大人の男ですよね。

僕も三〇代に入ったのでいよいよ大人の男の仲間入りかと思ったりもしますが、単純に年齢を重ねたからと言って大人の男になれるかというと、実はそうでもありません。

自分に自信を持っている人が大人の男だと僕は断言できます。ということは、逆に言えば、自分に自信を付けることで大人の男になれると思います。

そこが大きなポイントで、自分に関してこの一年で気付いた一番大きなことは、自分に自信を持てるようになったことです。ですから僕は大人の男になれたと思いますし、そのせいか、最近の僕は今まで以上にモテます。

そうは言っても、じゃあ、どうすれば自信がつくのか、その源はどこにあるのかということになるでしょう。

僕は、自分に自信を付ける唯一の方法は〝自分との約束を守ること〟だと思います。

たとえば、今年中に転職するとか、一年以内に年収一〇〇〇万円にする……と決心したら、その約束を守らないといけません。自分との約束を守れない人は人との約束も守れないですからね。

ですから、自分の中で何か一つ約束するのは大事なことです。

一年前に自分が口に出したこと、達成しようと思ったことを一年後にかなえていたら、それは大きな自信になります。

そこは自信をつけるためにも自分が発した言葉や、自分がやろうとしていることに対してストイックに努力して、是が非でも達成しないといけません。

仮に今年中に起業すると決めたら、絶対に起業しましょう。

〝最初から無理〟とか、〝まだ早いと思った〟とか、〝信頼している人に止められた〟など、いろいろな理由で約束を果たせない人がいますけれど、それはいけません。自分の意思で挑戦すると決めたら、絶対に挑戦しないといけないんです。

挑戦して傷だらけになってもいいじゃないですか。経営者なんてみんな傷だらけです。

コケこけてもいいし、失敗してもいいし、最後に立ち上がればいいんです。

誰もが順風満帆な人生なんて生きていませんし、起業して成功した人はみんな、何度も何度も苦渋を味わい、それでも果てない夢を実現したいから挑戦したんです。

僕だってこれまで苦労しましたし、今も精神的に凄く厳しい日常ですけれど、それでも自分との約束を守っていれば自信はつくんです。

自分との約束はビジネスばかりでなく、狙っている女性を絶対落とすと決めるのもいいでしょう。

今は振り向いてもらえなくても、一年経って自分が成長し、アップデートしてもう一回アタックして、今度こそ彼女を落とせたら自信がつくでしょう。

そういう実績を積み重ねていくことで自分に自信がつくんです。

自信がつけば心に余裕ができます。心に余裕がある人間の元には人が集まってきます。だから何も高いブランド品で着飾る必要はありません。こう言うと柳井社長に失礼かもしれませんが……ユニクロを着ていても女性と勝負できるんです。

僕の場合、有言実行の繰り返しが自分の自信になっています。

「あ、また言ったことを有言実行できたな」

長いこと野球をやってきましたから分かりますけれど、スポーツで何が一番自信になるかというと、やはりつらい練習をして自分を追い込んで、結果を出して試合に勝ったときに一番自信がつくんです。

でも、勝てなければ自信にはならないので、そのためにも練習する必要があります。今もそうです。自信をつけるために有言実行するし、自信をつけるために勝たなければいけません。そこは意識してやっています。まずは目標を決めて、言葉にして、達成できなかったら恥ずかしいから達成しようとつらい練習に挑むわけです。

ですから、僕はわざとビッグマウスなことも言います。だって、達成しなければ恥ずかしいですから自分を敢えて追い込んで逃げ道を閉ざすんです。そこで逃げたら恥ずかしいですし、自信にならないどころか隠れる場所すらありません。

「俺、あのとき、よくあんな言葉を言っていたな」

後からそう思うこともありますけれど、やはりビッグマウスでいいんです。

サッカーの本田圭佑選手が二〇一八年のワールドカップロシア大会を前に、「出る以上は優勝を目指す」と発言して炎上しましたけれど、それと全く同じです。

そうやって、自分で自分を追い込むのは必要なことなんです。

何より、ビッグマウスは人を巻き込むために必要な手段です。

ビッグマウスではなくリトルマウス、つまり小さなことや誰でも達成できるようなことを言ったら、きっと誰もついてこないでしょう。ビッグマウスな発言をすることによって、周囲の人々を巻き込むことができるんです。

〝あの人は本当にあそこを目指しているのか！　凄いなあ!!〟

周囲の人間がそう思ってくれて、自然と協力者が出てきます。これってもう人を巻き込んでいるんです。まさに〝巻き込んだ者《モン》勝ち〟なのです。

じゃあ、どの程度のビッグマウスを言えばいいかというと、自分が今できると思ったところより相当上のレベルを言った方がいいんです。

やはり人間はどうしても自分に甘えがありますから、最初から自分の限界を決めてしまう傾向にあります。自分の可能性はここまでだと勝手に決めてしまうので、目標を立てるときに甘めのラインにしてしまいがちです。

それよりもっと上のラインを狙うことでたくさんの人を巻き込めますし、協力者も作れます。結果として、自分が想像していなかった未来が創れることもあります。

仮に目標が想定値より下だったら、周囲の人間は〝こんな程度でいいのか〟と思うでしょうし、それでたとえ人を巻き込むことができても、巻き込める人も志の低い人でしかありません。志の低い人がいくら集まっても高い目標を実現することはありません。ビッグマウスで高い目標を決めたら、巻き込まれて集まって来るのは志の高い層です。だから僕はビッグマウスを口に出せと言いたいんです。口に出すことによって助けてくれる志の高い人も多くなるし、協力者もたくさん出てきます。

これは僕の体験を基にしていますから、嘘偽りは全くありません。ですから最初は笑われてもいいし、馬鹿にされてもいいからビッグマウスを叩きましょう。ハッタリだって、達成すればハッタリではなくなります。というより、そもそも経営者にはハッタリが必要なんです。

アップルの故スティーブ・ジョブズだって、ビッグマウスの権化のような存在です。彼のビッグマウスがあったからこそ、パソコンはここまで進化したし、携帯電話だってここまで進化したと言っても過言ではありません。誰からもそんなことは不可能だと言われながら、それを形にしてきたのがジョブズです。

その点では、経営者とはハッタリを現実化するための存在かもしれません。

ハッタリを正当化する努力をすれば、それはハッタリでなくなる日が来ます。いや、そういう日が来るのではなくて、そういう日を自分で創るんです。

ですから僕は、ハッタリ賛成、ビッグマウス大賛成です。

たくさんの人を巻き込むためにはビッグマウスを口にしないといけません。口と行動……つまり、有言実行が人を巻き込む大きな原動力になると思います。

だからこそ、僕はこれからもビッグマウスを続けるつもりですし、そのビッグマウスを実現させるよう努力し、行動するつもりです。

CHAPTER 3

お金は手段であって目的ではない

大事な人を守るために
必要なお金を稼ぐため、
僕はビジネスをやり続ける。

〝人が潤えば、会社が潤う〟
それが僕のビジネスの鉄則。

人とお金のどちらかを選べ、
そう言われたら、迷わず人を選ぶ。

たくさん人を巻き込んだ者ほど
勝つ見込みは大きい。

お金を持っているより
人を持っているほうが絶対にモテる。

自分に自信が付いた結果、
自分に価値（ブランド）が生まれた。

余裕を生む
Power Word
❶

お金はお金より大切なものを守るためにある

僕も昨年、グループ企業の売上が三〇億円を超えたなどと報道されたことがありました。そうなると、マスコミからいろいろ興味を持たれることがあります。

「何のためにお金を稼いでいるんですか？」

「お金って大事なものですか？」

――そんなふうに聞かれることも増えました。

僕は世の中でお金が一番とは思っていませんし、これまでお金が全てだなんて一回も言ったことがありません。

世の中にはお金よりも大切なものがあると僕は思っています。

それは家族や友人、恋人で、みんなお金よりも大切なものだと思います。でも、そういったお金よりも大切な人たちを守るために必要なものってなんだと思いますか？

――答えはそう〝お金〟です。大切なものを守るためにはお金が必要です。

ですから、僕はお金が全てだとは言いませんし、逆にお金なんか必要ないとも言いません。お金は必要なものであることは間違いありません。

たとえば、近年、地震や台風、暴風雨などによる大規模自然災害がやたらと増えています。地球温暖化とも密接に関係があるのだと思いますが、その結果、土砂災害や河川の氾濫、大規模浸水など毎年のように各地で甚大な被害が出ています。

仮に大地震や大規模自然災害が発生して、あなたの大事な人がけがをしたり、命に関わる事態に陥ったりしたとします。命を救うために最先端の医療機関で治療を受けさせてあげたいと思えば、やはりお金が必要になってきます。

同様に、家が損壊して住めなくなったとしますと、修繕、あるいは新居に引っ越すためにはやはり相応のお金が必要です。

大切な家族や親しい人を助けるためには、どうしてもお金が必要になってきます。そのことを忘れてはいけません。

ですから、僕はあくまでお金よりも大切なものを守るためにお金を稼ぐのであって、お金が一番大切だからお金を稼ぐわけではありません。それよりも大切なものがあるから夢中になってお金を稼いで、守りたいものを守るために頑張るんだと思っています。

そこをはき違えて欲しくないと考えています。


その意味で大切なものがたくさんできてくると、その分、余計にお金を稼がないといけないというのはあるでしょう。

恋人ができればアクセサリーやバッグ、コートなどをプレゼントしたくなりますし、ミシュランのガイドブックに載っている三ツ星の高級フレンチを食べさせてあげたいと思うでしょう。結婚が決まればハワイで式を挙げたいと思うかもしれません。

さらに、結婚して子供が生まれたら、今度はその子の将来の可能性を増やすためにはいろいろなことに挑戦させてあげたいと考えるはずです。

野球やサッカー、テニスを学ばせるとか、あるいは、ピアノやバイオリンなど習い事もいいでしょうが、それらをやるにはかなりお金がかかります。一つだけでなく、幾つも掛け持ちするとなるとその費用も馬鹿にはなりません。

そうした費用をケチっていると子供の可能性の芽を摘むことになりますから、子供のためを思って習い事をさせるためにお金を儲けるのは悪いことではないと思います。

僕自身は、お金儲けが目的のビジネスよりは、大事な人を守るために、必要なお金を稼ぐためにビジネスをやりたいと思います。

誰かのために働く方が、夢中になって頑張ることができるからです。

余裕を生む Power Word ❷

物に投資するのではなく、人に投資する

物や商品に投資するのではなく、〝人〟に投資する。

——何度も言いますが、それが辻敬太という男のモットーです。

これまで六人の社長に投資し、飲食業をはじめ不動産業、美容業、内装業など幅広い業種の会社を起業させてきました。人に投資することで優秀な従業員が辞めない組織を作ることができました。

現在はグループ会社でたくさんの従業員を抱えていますが、僕が注目して欲しいことの一つは離職率の低さです。

厚生労働省の調査（「平成二九年雇用動向調査結果」）によると、日本企業における平成二九年度の離職率の平均は一四・九パーセントだそうですから、ほぼ一パーセントという僕のグループ企業の離職率は日本平均の一五分の一です。

これは自慢できる数字と言っていいと思います。

でも、僕としては離職率の低さを自慢するよりは、優れた人材を確保し、彼らのモチベーションを高めるためによりよい待遇を約束し、気持ちよく働ける環境を作っていることの方を強く訴えたいと思っています。

〝人が潤えば、会社が潤う〟

――それが僕のビジネスの鉄則で、その結果として、たまたま人が辞めない会社を作ることにも成功しただけのことです。

そもそも僕には物や商品、システムに投資するという考えはありません。

お金も物も手段に過ぎません。僕がやりたいのは信用できる人間に投資することで、これは僕がビジネスを始めたときからずっと変わらない考え方でもあります。

もともと僕は、自分でできないことを自分でしようと思わないタイプです。前にも書きましたように、海外に行くときに通訳が必要だったら通訳を雇えばいい。自分で外国語を勉強しないタイプです。そこが長所であり短所でもあると思いますが、僕は他人に任せることができるものは全て任せるのが経営者だと思っています。

僕自身、飲食店を経営するノウハウも、美容院を経営するノウハウもありません。あるいは、株や先物で儲ける投資のテクニックも、最近流行りのＦＸ（外国為替証拠金取引）の仕組みもよく分かりません。僕のコミュニティーだって、よくあるＦＸのノウハウを伝授してお金儲けをするような組織とは全く違います。

そもそも専門的な知識がないのに始めて失敗したら、後悔が残るというものです。

そんな僕のビジネスの具体的なやり方はこうです――。

もし、ある業界で起業を志している人間がいたとします。実際に僕が会ってみて、〝こいつは信用できる人間だ〟となると、僕は彼（彼女）に投資すると決めます。

それが僕のやり方で、これまでもその手法で成長してきました。

もし、このやり方で失敗したとしても、僕は後悔しません。僕の判断ミスということで責任は僕にあるし、次のチャンスにつなげればいいだけのことです。

幸いなことに彼らは一生懸命に頑張ってくれていますから、彼らに投資したお金は無駄にはなりませんでした。

また、僕は自分のグループ会社で働いている従業員を日本一のスタッフだと思っています。自分の選択眼を自画自賛するようですが、彼らはみな優秀な人材です。

そんな彼らの期待に僕が応えられることと言えば、それはもちろん報酬面などモチベーションを上げるための環境整備くらいしかありません。

彼らが持つポテンシャルをより高めて、ビジネスを円滑に機能させてあげることが会社の売上増につながりますし、そうやって生き生きと働いている彼らを見た周囲の人間が、〝僕もこんな会社で働いてみたい！〟と思って巻き込まれにやって来るでしょう。

それが言わば〝善〟の連鎖反応となって、次なる優れた人材の確保につながります。まさにそれこそが僕の経営理念と言ってもいいでしょう。

なお、先ほどグループ会社の離職率はほぼ一パーセントだと書きましたが、これには実は秘密があります。僕は隠し事が嫌なので秘密と言っても隠すつもりはありません。

それは実はこういう仕組みになっています――。

仮に、僕のグループ会社で働いている優秀な従業員が現状に悩んで、会社を辞めたいと僕に言って来たとしましょう。

もちろん、退職の理由はさまざまですが、たとえば、彼の退社理由と今後の希望が〝今とは違う夢を追いかけてみたい〟だったとします。そんなとき、僕はこう言っています。

「だったら僕がお金を用意するから、新しい会社をやってみないか」

――僕が信頼している人間の夢を応援するのは当然のことです。夢を追っている人間は僕も大好きだからです。

人材を生かすために働く環境をよくする

↓

仕事に前向きになり成績が上がる

↓

正当に評価し還元する
←
信頼関係が良好になる
←
より一層頑張るようになる
←
会社が儲かる
←
自分も儲かる

――これが僕の理想である善の連鎖反応です。

もし彼がイタリアンの店をやりたいと言えば、イタリアンの店をオープンさせて彼に店長を任せます。フレンチならフレンチ、ラーメン店でもいいでしょう。あるいは、営業がやりたいのならば、営業のノウハウを活かせるグループ会社の適切なポストを薦めることだってあります。

でも、なぜ僕がそこまでするのか？

実は僕が一番恐れているのは、優れた人材を他社に引き抜かれることです。常に優秀な人材を他社から引き抜いている僕だから、この恐怖は身に染みて分かります。

自分が信頼しているスタッフは非常に優秀な人間ばかりです。今も、そしてこれからもどんどん成長していくスタッフを失うことは極力避けたい。

実際、現在のグループ企業で代表を務める六人も、それぞれが大きな夢を抱えていた人間でした。僕と出会ったことで、彼らの夢が実現したと言っても過言ではありません。

彼らの会社もそれぞれ成長して、スタッフ数も飛躍的に増えています。飲食業で働いている従業員の中には、それまで学校に通いながらアルバイトをして、卒業を機にそのまま就職してしまった人間も多いのです。

そのこと一つを取っても、各企業の社長たちが〝人に投資する〟という僕の遺伝子を受け継いでいてくれていることの証明でもあります。彼らもまた、辞めたいと悩んでいる人間と誠心誠意向き合い、その人が夢見た環境で力を発揮できる場所を提供していると言っても過言ではありません。

こうした関係性を傍で見た他の従業員は、おそらくこう思うに違いありません。

頑張って社長に認められれば、自分にも独立のチャンスがある……と。

もちろんその通りです。僕の会社は、やる気がある人間の芽を摘む会社ではなく、やる気がある人間の芽をもっと、もっと伸ばす会社でありたいと望んでいます。

〝人に投資する技術〟はそういう仕組みになっています。

結局、僕が経営しているのではありません。人に投資して、見返りをもらっているわけでもありません。要は、その人が活躍できるようにモチベーションを上げることです。僕ができるのはビジネスのアドバイスではなくて、人としてのアドバイスです。

こう書くと、「辻さんは人を見る目があるんですね」とおっしゃる方がいます。

でも、僕だって最初から人を見る目が備わっていたわけではありません。これまでたくさんの失敗をしてきています。もちろん、期待を大きく裏切られたこともありますし、今でも裏切られることがないとは言いません。

それでも僕はぶれませんし、これは僕のモットーですからやり方を変えることは決してありません。一番大事なのは、人を絶対信じるということです……と言いますか、そもそも僕は人を疑うことをあまりしません。

これまでも信じて裏切られたことはたくさんありますが、信じて良かったこともそれ以上にあります。いい意味で馬鹿なのかもしれません。

馬鹿と天才は紙一重と言いますからね。

馬鹿って何でも信じますから、ゼロか一〇〇かで、行くときは全部行ってしまいます。だから当たったときは大きいんです。

信じて騙されたことも多々ありますけれど、信じてよかったと思えることの方が圧倒的に多い。だったら、〝これからも人を信じたほうがいい〟が結論なんです。

余裕を生む
Power Word
❸

人とお金のどちらかを選べと言われたら、迷わず人を選ぶ

このように、僕がビジネスにおいて一番ウェートを置いているのは〝人〟です。

〝どれだけ優秀な人を雇えるか〟から始まり、結果的に〝どれだけ人の人生を変えられる

か〟が、僕のビジネスの成否の鍵を握っています。

その点で――言い方は悪いかもしれませんが――僕についてきてくれる人は辻敬太の信者だと思っています。信者をいかに増やすかに僕は粉骨砕身しています。

また、僕は人を大事にしていますから、社長が決めたビジネスには口出ししません。その人にお金を貸し付けているだけで、僕にその先の権限はないと考えています。

その点で一度、その人を信じたら〝お金は出すけど口は出さない〟が僕の基本的な信条です。

しかし、社長本人に対しては人として指導することもあります。お金を出しているわけですから人として指導するのは当たり前です。逆に言えば、指導できるのはそこだけで、他は全部、個々の社長の経営判断に任せていると言ってもいいでしょう。

ですから、前述しましたように、僕が出資している会社の離職率が低いのは僕の手腕というよりそれぞれの社長たちの手腕なのです。

それでは、僕が投資したいと思う人間はどんな人物なのか？

僕がお金を出したいと思う人間は、人としての魅力がある人間です。

成功するかどうかは分からないけれど、こいつに頼まれたらお金を出さざるを得ないな……僕にそう思わせせたら勝ちです。

〝人たらし〟という言葉が最適なのかもしれませんが、こいつに騙されても仕方がないなと思わせられないとお金は出せません。その逆もまたしかりで、僕に出資してくださった方もたくさんいらっしゃいます。その点では僕もまた〝人たらし〟かもしれません。

大事なポイントは、人たらしになることで人を巻き込めるということです。

〝お前の願いだったらきいてやろう〟

それを〝巻き込み力〟というのかもしれません。しかも、一人よりも大勢の方が絶対に勝つ可能性は高いですから、たくさん人を巻き込んだ者ほど勝つ可能性は高いでしょうし、全員が協力してくれたら相当大きな力になります。

僕の実力はたかが知れていますから一人では勝てないかもしれませんが、たくさんの仲間を巻き込んだら余裕で勝てるでしょう——それが僕のやり方です。

余裕を生む Power Word ❹

損することを恐れていては得もできない！

前述しましたように、僕の「辻敬太起業サロン」は、今や日本でもトップクラスに入っていますから、周囲からは「凄いですね」と称賛されることも多くなってきました。でも、そうした評価もまた、コミュニティーの会員全員のお陰です。

日本にたくさんあるコミュニティーの中から僕を選んでくれた、こんな僕でも信じてついてきてくれた人たちのお陰ですから、今まで以上にこのコミュニティーを素晴らしいものにしていきたいと考えています。

僕の会社やコミュニティーの信用度が高まれば、これから雇用する従業員の信頼度も高まっていくことでしょう。たとえば、分かりやすい例を挙げれば、家を買う際の信用調査だって通りやすくなるから、家を買うのが楽になるかもしれません。

会社の信用度が高くなるというのはそういうことで、僕の会社が得られる付加価値が従業員への恩返しでもありますし、僕のコミュニティーに入っているというだけで信用が得られるようになればいいと思っています。

これはもう断言できますが、僕のコミュニティーに参加してくれているメンバーのレベルは非常に高いです。

参加メンバーは僕が求めている最強の軍団で、〝雑魚〟と呼べるような人はいませんし、雑魚と自覚した人は残念ですけれどやめていきます。ですから、戦闘能力が低い人にとっては、非常に居心地が悪い場所かもしれません。

常に努力をしていないと居続けることはできませんからね。

もし、新たに参加した若者が〝俺はすごい〟と自画自賛する人間で、僕のコミュニティーに参加早々、マウントを取れると思っていたところ、いざ入ってみたら自分よりすごい人ばかりで逆にマウントを取られた……なんてこともよく目にします。

でも、そんな人でも自分のレベルを自覚して努力すれば成長することができます。

ですから、コミュニティーに参加してくれる人たちには感謝の気持ちしかありません。わざわざお金を出して学びに来てくれているからです。

日本語には〝損して得取れ〟という言葉があります。

たとえば、お世話になっている社長や、今後もずっとつながっていたい尊敬する社長から何らかの申し出があるとしましょう。

実際、先日、こんな話がありました――。

「お前、馬を買わないか？」

お世話になっている社長さんにそう言われて、僕は数千万円で競争馬を買いました。

正直言いまして、僕は競馬が特に好きなわけでもありません。けれど、その社長さんとの関係性、絆が強くなるなら数千万円を出す価値が十分にあると思ったのです。

そのために出すお金は決して捨て金にはならず、〝生き金〟になると考えました。

単純に足し算、引き算で言えばマイナス数千万円ですけれど、これを損と感じるか得と感じるかで言えば、僕は得になる、しかも、大きなプラスになると思ったのです。

でも、こうした場面で「はい、買います」と二つ返事でパッとお金を出せる人間がどれだけいるでしょうか？

「お前、一緒にやろうぜ！」

そう言われたとき、自分の時間やお金をそこに注げるかどうかはすごく大事です。目先、直近では多少損をするかもしれないけれど、長い目で見れば得をすることもあります。そこで瞬時に計算を働かせないといけないわけです。

経営者は長い目で見た場合のプラス、マイナスの損得勘定を、ごくわずかな一瞬で見極めないといけません。

そんなとき、目先の損ができない人は将来的に長い目で見ても得をすることができないでしょう。目先の損ができない人間はその先でもっと損をすることもあると肝に銘じておいてください。逆に言えば、将来、得をしたいと思うなら、目先の損くらい我慢しろということでもあります。

〝ギブ&テイク〟と言いますように、まずは自分から与えることが大事です。

よく言われていますように、人は目に見える物にはお金を出しますが、目に見えない情報や学び、人脈作りにはあまりお金を出したがりません。

それがそもそもおかしなことで、小学校、中学校、高校、大学と普通は親のお金で、高い授業料を出して学びに行ったでしょう。人脈や友達を作りに行ったでしょう。

じゃあ、なぜ、社会に出てからそれをやらないのか、僕は不思議でなりません。

のどが乾いていたら一〇〇円で手に入るペットボトルの水は買っても、一〇円で手に入る情報にはお金を出しません。それでは将来的に得はできませんが、僕のコミュニティーに参加してくれている方たちは、目に見えない情報にお金を出せる人たちですから、将来的に大きな得ができるはずです。

会費の月三万円は決して安くありません。大学生ならバイト代が時給一〇〇〇円としても三〇時間働かないといけませんし、サラリーマンなら奥さんからもらえる毎月の小遣い（昼食代）の額と言ったところでしょうか。

でも、それだけ貴重なお金を出してまで何かを得たいと思った人たちには、将来的には絶対プラスになると思う情報、あるいはアドバイスを僕は与えることができます。

同時に、お金を出すことによって常にアンテナを張り巡らせる人間になります。

言い方は悪いですけれど、誰だって出したお金を無駄にはしたくないでしょう。自分で働いて稼いだお金と引き換えにコミュニティーに入ったなら、使ったお金の分だけそこから何か習得してやろうという意欲が生まれるはずです。

それが、アンテナを張るという意味でもあります。

会社で行かされた研修で会費は経費で落ちるような形ですと、自分のお金ではありませんから、〝座っているだけでいいや〟程度の意識かもしれません。

ですが、自腹を切ることで、何としてでも払ったお金の分だけは持ち帰ってやるぞというやる気や真剣さも生まれてくるでしょう。そこには大きな違いがあります。

ところで、僕は野球をやりながら大学を卒業しましたけれど、大学生活を振り返って一つだけ分かったことがあります。

それは、ビジネスを志すなら大学に行っても意味がないという真理です。

研究者や工学博士、医者になるならともかく、文系の大学ならなおさら意味がありません。もし人生をやり直せるとしても、大学に行っても意味がないことを知っていますから大学には行きません。

僕の会社の従業員にも、大学を辞めさせた人間がたくさんいます。

「行っても意味ないからやめとけ」

僕は彼らにそう言いました。大学の授業料って高いですから、大学にお金を払うよりも社会に出て人脈が作れるコミュニティーに入って勉強すべきです。僕が大学生のときに「辻敬太起業サロン」みたいなコミュニティーがあったら絶対に入っていたと思います。

余裕を生む
Power Word
5

お金の余裕があるより心に余裕がある方がモテる

「お前、最近変わったな」

——小学校や中学校の同級生からそう言われることが多いです。でも、僕自身は根本的な考え方は小さなころからほとんど変わっていません。

何が変わっていないかというと、僕が社長になったそもそもの理由です。

ここまで読まれた方はすでにもうお分かりかもしれませんが、何を隠そう……いや、正直、隠していませんが……僕は〝モテたい〟から社長になったんです。

そんな邪《よこしま》な気持ちなのかと驚かれる方もいるでしょうが、本当のことです。

実はそこだけは変わっていなくて、小さいころから〝モテたい〟という思いだけは今日まで一度もぶれたことがないんです。

モテたいがためにお金持ちになろうとしましたし、モテたいがために高級ブランド品に身を包んで遊んでいました。モテるためにテレビにもたくさん出ました。


そして、モテるためには余裕が必要なことにたどり着きました。その余裕はお金ではなく、心の余裕です。それは自分に対する自信と言い換えてもいいでしょう。自分に自信を持っているから心に余裕ができて、人に優しくできるんです。どんなときでも人に優しくできるから、結果としてモテるんです。


冒頭に書きましたように、東京に出てきてしばらくして日本を代表する社長さん方とお会いする機会がありましたが、そこには誰一人ギラギラしている人がいませんでしたし、お金を持っていることを自慢している人もいませんでした。

そんな社長さん方を見て、ギラギラしていないし、ブランド品も身に付けていないのに格好いいと思ったんです。心に余裕があって、単純に男として恰好よかった。

資産何百億円、何千億円の社長さんもいますけれど、以前はお金を持っていてブランド品を身に付けている社長の方がモテると思っていました。しかし、お金を持っているだけの社長はあまり格好よくないことに気付いたんです。

そこから自分自身を磨くようになりました。

もちろん、人の好みはそれぞれですから、どちらがよくて、どちらが悪いというわけではありません。ブランド品を身に付けている人を恰好いいと思う人もいれば、ブランド品を身に付けていなくても恰好いいと思う人もいます。

お金を持っている社長がモテるのか？

人を持っている社長がモテるのか？

そんな二者択一を迫られたとき、僕は人を持っている社長のほうが圧倒的にモテると思いました。ですから、僕は人を持っている社長になりたかった。それまで持っていた情けないプライドを捨てたという自覚の現れでもありました。

これ見よがしにお金を持っていることを誇示する社長さんは、僕にとって全然魅力がないどころか、可哀想な存在だとさえ思うようになりました。この社長さんと、今後一切会わなくても困らないなという発見もありました。

そのときから僕は、お金にあまり興味がなくなりました。

グッチやアルマーニを着なくてもモテると思えるようになったのは大きな転換点で、それ以来、ブランド品を身に付けることはほぼなくなりましたし、夜遊びもほとんどしなくなりました。

遅まきながら、人間の魅力はお金やブランド品ではないことに気付いたんです。するとどうなったか——そう、その頃からモテるようになったんです。

お金を追うことから解放されることで心に余裕ができたのでしょう。人と接するときにも心の余裕が出てきました。

やはり、お金に余裕があるより、心に余裕がある方がモテるんです。

その結果、二年前より今の方が明らかに女性にもモテますし、男にもモテるようになりました。異性も同性も、前以上に僕の周りに集まってくるようになったんです。

余裕を生む Power Word ❻

自分自身をブランド化すれば、ブランド物は必要ない

心に余裕ができてモテるようになって一つ分かったのは、ブランド品ばかりを身に付けている人はおそらく自分に自信がない人だということです。

僕も二年前はまだまだ自信が伴っていませんでした。

でも、自分に自信がついたらブランド品で着飾る必要はなくなりました。

昔は高級ブランドのアクセサリーを付けている自分が凄いとか、高級時計を付けている自分が凄いとか、高級バッグを何個も持っている自分がすごいと思っていましたけれど、実はそうじゃないことがはっきり分かりました。

自分に自信が付いた結果、自分自身に価値（ブランド）が生まれたんです。そうなると高級ブランド品の力を借りた見せかけの価値は必要ありません。

正直言って、金銭的に言えば昔の方が儲かっていました。

会社って大きくなればなるほど税金もかかりますし、もちろん従業員も増えて社会保険料も払わないといけませんからお金が必要なんです。その点では今のほうがお金に余裕はありません。貯金もほとんどありません。でも、それ以外は以前よりゆとりがあります。つまり、人としての心の余裕は今の方があります。この二年間で、〝お金で心の余裕は買えない〟ことに気付いたと言ってもいいのかもしれません。

昔よりお金はないけれど、今のほうが心の余裕はあるんです。

今はもうユニクロで十分です。ブランド物を身につけなくても女性を口説けるし、社員や仲間も集まって来ますし、人を巻き込むこともできています。

要するに、人は自分自身に価値を付けるのが一番だと僕は思います。

ブランド品を身にまとわず、自分自身に価値が生まれることで変わったことがもう一つあります。それは、関わる人が一八〇度と言っていいほど変わりました。

目先のブランド（金）に引かれて寄って来る人がいなくなって、ことの本質を見極められる人間が集まって来るようになったのかもしれません。

チャラチャラ、ギラギラしている人に好かれたいならギラギラしていた方がいいかもしれませんが、自分の目指す場所はそっちではないということが自分でも分かりました。

人の外見に惑わされず、ことの本質を見極められる人間は、心の余裕がある人間の元に集まって来るものなんです。


もちろん、僕は自分の過去を否定するつもりはありませんし、あの時代が無駄だったとは思っていません。そのときの自分があったから、今、こうやって変わることができて、その結果、こっちの方がいいと判断できたのですから後悔することもありません。

過去の自分は、それはそれでよかったと思っています。

当然、今の自分の方が明らかにレベルは高いと思います。ですから、まだまだギラギラしている今の若い世代の人も早く変わって欲しいと切に願っています。


もう一つ言えるのはこうした考え方の変化のスピードが極めて速いことです。

これもやはり自画自賛になりますが、成長スピードが違うと自分で自信になりますし、早く気付くことができたという自信が確信に変わるんです。

〝まだ、あの人たちはギラギラしているんだ。俺はもうそこを通り越してるな〟

――そう思うことができるんです。

僕は今、レベルの高い女性を口説けるなと思っています。気付くのが早かったから逆に人がついてきてくれたのだと思います。

「辻さん、めっちゃ変わりましたよね」

「最近、顔付が変わりましたよね」

「本の写真、違う人かと思いました」

――僕のことを昔から知っているテレビ局の人やＳＮＳをフォローしてくれている人などからそう言われます。それも一つの大きな〝成長〟だと思います。

CHAPTER 4

人生の目標は最強になること

強敵がたくさんいる中で勝ち続け、
最強の存在になりたい。

負ける戦いは絶対にしない。
ビジネスは勝ってこそ意味がある。

若者の考え方や行動、
人生を変えることができる人間になりたい。

常に一番を目指して生きている。
一番を目指して生きているなら
今日死んでも悔いはない。

諦めるから失敗になる、
諦めずに挑戦し続ければ、
いつかは成功になる。

死ぬ気で頑張るより、
相手を殺すつもりでやれ！

最強になる
Power Word
❶

無敵ではなく最強になりたい！

これはもう読んで字の如しで、僕は無敵ではなく最強を目指しています。

無敵とは敵がいないことですが、僕はいろいろな敵がたくさんいる中で最強を目指したい。敵は潰すか、仲間にするかの二択しかありません。そこは凄くシンプルです。

仲間になるなら一緒に行こう、仲間にならないなら潰してしまえという考え方です。

漫画「ワンピース」で言えば、ルフィが目指す海賊王と一緒です。

そのためには一人でいるより、「麦わらの一味」のような仲間を作りたい。腕に覚えのある人たちを巻き込んで最強の軍団になって、最後に勝利を収めるんです。

最強のチームですけれど、ある意味、最強の家族のようなものかもしれません。


ただし、僕は無敵を否定しているわけではありません。

無敵も無敵でいいところはありますけれど、僕は敵がいないより強敵がたくさんいる中で一番強くなって、敵を蹴散らして最強になりたいんです。

――やっぱり誰が見てもそっちの方が格好いいでしょう。

敵とは認められないような雑魚がいるところで簡単に勝っても、それでは面白くありません。一つ間違えば弱い者いじめになってしまいかねません。

人生は一つの挑戦のようなものですから、強敵がたくさんいる中で勝ち続け、最後に最強、つまり最も強くなりたいです。

そのためにも強敵の存在が必要で、僕は今後の人生で敵を作らないつもりはありませんし、敵は自ずと出てくるものです。強敵がいつ出てきてもいいように、僕は抜かりなく戦いの準備をしています。

コミュニティーを作って精鋭たちを集めているのもその一環です。

ビジネスは完全なる戦争ですし、恋愛も戦争ですから、生きるか死ぬかの二択しかありません。僕はその中で勝利を勝ち取りたいと思います。

〝みんな仲良く、仲良しこよし〟ではなく、ビジネスであれば、やはり切磋琢磨して戦うべきです。仲良しこよしが許されるのはおままごとの世界です。

僕が最強を目指しているのには一つ大きな理由があります。

それは、敵を打ち負かす、あるいは乗り越えると言ってもいいと思いますが、そのためには自分が成長しないといけません。

自分が成長したいから最強を目指すわけで、つまり、強敵、ライバルとは自分を成長させてくれる存在なのです。これは「ワンピース」に代表されるようなバトル漫画を読めば一目瞭然で、どんなヒーローだって、自分より強い相手が現れたら、そいつに勝つためには血のにじむような訓練をするでしょう。その結果、ヒーローは人間的にも成長するんです。最強の敵を倒すたびにルフィは成長しています。

そしていよいよ最後の瞬間、最強になって勝利を勝ち取ったとき、僕は一人の人間として、あるいは僕の会社は企業として立派に成長しているはずです。

僕は成長することが一番楽しいことだと考えていますから、ビジネスに勝利を収めて成長することができれば願ったりかなったりです。逆に言えば、無敵の状態で人は成長することはできません。その意味でも、僕は無敵より最強の方が好きなんです。

ただし、注意しないといけないのは、敵は外部にいるだけではないことです。ときには身内から敵が現れることもありますし、自分自身も敵になり得ます。もしかしたら最強の敵は自分自身かもしれません。昨日の自分も、今日の自分も乗り越えるべき強敵になるわけで、最終的には自分自身に勝利を収めることも必要です。

最後は自分自身に勝つことで最強の自分になるわけで、僕はそこを目指しています。

ところで、僕は戦国武将の中ではやはり織田信長が大好きです。

戦国時代に織田信長は圧倒的なカリスマ性を武器に天下統一を目指していました。

僕はビジネス界で天下統一したいと思いました。飲食、美容、不動産……それぞれのリーダーは全部、僕の部下でまとめたい。そして、ルフィのように仲間を増やして〝ビジネス王〟になるんです。仲間が一人でも欠けたらビジネス王になれませんから、全員で勝ちを取りに行きたいですね。

その意味では、僕は最強の軍団を持ちたいのかもしれません。

正直、僕には敵も多いですけれど、同様に味方も相当数増えています。

僕のやり方に賛同しない〝アンチ辻敬太〟もあちこちにいて、これまでは一人、あるいは数人で戦ってきましたけれど意外としんどかったです。

でも、今は大勢の仲間が日本全国にいます。

アンチ一人、または一集団に対して、いわば〝辻敬太軍団〟が全員で向かって行きますから恐いもの知らずになってきました。中には今までアンチだった人がいつの間にか仲間になっていることもあります。

昨日の敵は今日の友で、これは非常に心強い限りです。


結局のところ、僕がやっているのは仲間作りなのかもしれません。

みんなで大きくなればみんなが得をします。仲間全員で得をしたいし、敵だって飲み込んでしまえば仲間になります。

「お前らもこっちに入ったほうが得だぞ」

「変なプライドは捨てて仲間になろうじゃないか」

そうやってライバルさえも巻き込んで仲間がどんどん増えています。

これも一つの人を巻き込む方法です。それが僕にとっては最高に嬉しい瞬間です。ただし、相手の会社やコミュニティーからは批判、あるいはクレームが来たりします。

「お前に会いに行くと、みんなお前の会社に入ってしまう」

よくそう言われますけれど、それは当然で、僕はこう言い返しています。

「僕の魅力に惚れてしまうんです。奪われたくなければ会いに来させないでください」

少し、いや、相当自慢気味に聞こえるかもしれませんが、嘘偽りのない事実です。

誰だって、自分のボスより魅力がある人間に会ったら、その人の下で働きたいと考えるでしょう。そこは僕が大いに自信を持っている部分ですから、移籍は大歓迎です。

最強になる Power Word ❷

人生の最大の楽しみは勝つことにある

ここまで読んでくださった方はお分かりかと思いますが、僕は基本的に人生とは勝ち負けだと考えています。恋愛でもビジネスでもそうです。

勝つか負けるかの人生で、最後には必ず勝つ人間でありたい。

ですから、負ける戦は絶対にしません。ビジネスは勝ってこそ意味がある、勝ち続けている会社は存在意義があると考えていますから、目の前に現れた会社が強大であっても、その社長に媚《こび》を売って、相手の軍門に下るようなことは絶対にしません。

もちろん、世の中には凄く立派な社長さんがたくさんいらっしゃいます。

最近では大手企業、上場企業の社長さんと会食させていただく機会も増えましたけれど、正直、社長の要件が一〇〇あるとして、九九は僕よりその方たちが上でしょう。

たとえば社会的信用も、資産も、人脈も、みんな彼らにはかないません。

でも、一つだけ勝てるとしたら、僕にしかできないことがあるとしたら、それはやはり若い人たちへの影響力や人間力だと思っています。

そこに関しては勝算があると思いますし、どんな上場企業の社長さんに対してもその部分では絶対に負けないというプライドを持っています。

僕が目指しているのはお金持ちではなく〝人持ち〟です。

若くて優秀な人材を一人でも多く巻き込んでいきたいんです。

一人でも多くの若者たちの考え方を変えることができるような、影響力のある人間になりたいし、僕の発言一つ、僕の講演一回で若者の考え方や言動を変えたり、人生まで変えてしまえたりするような影響を与えられる人間になりたいと考えています。

若者たちに注目されて、影響を与えるためにはある程度の資産も必要でしょうから、お金も稼がないといけません。

同時に、自分が輝いている瞬間を見せる必要もあります。

もちろん、輝いている瞬間だけ見せるのではなく、その裏側には厳しい現実もあると教えないといけません。厳しい面も見せるのは大事なことで、簡単に儲かると甘い考えでいると、当然、失敗することもあるからです。

僕のコミュニティーに来てくれた人たちは家族ですから、家族にはいい面だけでなく厳しい面があることもしっかり教えていきます。

そういった辛いこともあるからこそ、勝ったときの感動が倍増するんです。

厳しい戦いを勝ち抜いてこそ感動が生まれる。

――こう考えるに至ったのは、やはり僕が高校野球をやっていたからかもしれません。

「今日はほんまにいい試合だったなあ。見ている人も面白かっただろうな」

野球はワイワイ楽しむだけではだめで、いい試合をして勝たないといけません。

もちろん、いい試合をしているだけでもだめで勝たないと意味がありません。いい試合をして負けるのと、いい試合をして勝つのとでは天と地ほどの差があります。

負けてワイワイ楽しがっていても、それは傷口をなめ合うようなものです。負けたという現実から目を逸らしてお互いで慰め合っているようでは成長することはありません。


仮に高校野球の県予選で決勝戦まで進んで、どんなに白熱した良い試合ができても、勝者と敗者では立場が一八〇度違います。五対四や七対八のような泥臭い試合で、最後は相手のエラーでようやく勝ちを拾ったとしても、勝った方は甲子園に行けるんです。

「勝てば官軍」と言いますけれど、泥臭くてもいいから勝つことに意味がある。世界の歴史だって、結局のところ、勝者が作った歴史です。

僕は勝つことが大好きですから、ビジネスをしていても楽しいのは成功した瞬間です。もっと詳しく言えば、僕のことを信用してついて来てくれる従業員を巻き込んで、彼が仕事で成功したときに初めて楽しい時間がやってくるんです。

これからも僕は勝ち続けたいし、そのためには苦しい練習もしないといけません。勝つためには厳しい道を選ぶことが肝心です。辛くて厳しい道を経験することが、その後の人生を楽しくする唯一の方法だと信じています。

しかし、今の若者たちはとにかく楽しく仕事をするのが好きなようです。でも、やはり勝たないと本当の楽しさを味わうことはできません。勝つためには目の前の楽しいことを我慢するのも必要なことです。

はるか先に待つ楽しい瞬間を満喫するためには、仲間とお酒を飲んでワイワイ騒ぐような楽しさは我慢した方がいいでしょう。目先のお酒も確かに楽しいですけれど、我を忘れてお酒に没頭してしまうようではいけません。

昔からの僕を知る人や二年前に出した本を読んだ方は、僕が毎日のように飲み歩いているかのように思われるかもしれません。しかし、最近は一切お酒を飲みません。

なぜなら、お酒を飲むと次の日のパフォーマンス能力が落ちるからです。

もし、翌日のパフォーマンスが少しでも落ちたら、僕は全く楽しくありません。

パフォーマンス能力が落ちるということは勝つ可能性が低くなることを意味していますから、そのために目先のお酒を我慢することは僕には当然のことです。

みんながお酒を飲んで、カラオケを歌って楽しんでいる時間を僕は我慢して、家に帰って明日のパフォーマンス能力を上げるために早く寝ます。

楽しいお酒を我慢することで、次の日は優れたパフォーマンス能力を発揮することができます。そこで勝つことができれば、それは僕にとって大きな楽しみになるのです。

最強になるPower Word ❸

一番と二番では差は大きい

さて、ここで一つ質問があります――。

「日本で一番高い山は富士山ですが、二番目に高い山を知っていますか？」

こう聞かれて即座に答えられる人はあまりいないでしょう。

実際、僕も知らなかったので調べてみたところ、日本で二番目に高いのは南アルプスの北岳だそうです。同様に、世界に目をやれば一番高い山はエベレストですが、世界で二番目に高い山がどこなのか答えるのは難問で、僕も知りませんでした。

答えは書きませんので、世界で二番目に高い山はご自身で調べてみてください。

このように、一番は誰もが知っていますが、二番手となるとクイズマニアでもない限り知らないものです。知らないというより二番手に興味がないのかもしれません。

だからこそ、ビジネスにおいても目指すのは一番でなければいけません。

僕は何事においても一番を目指したいと考えています。それは一番と二番では何より見える世界が格段に違いますし、周囲が見る目も違ってくるからです。

たとえば高校野球でも、オリンピック競技でも、誰だって優勝を目指して血のにじむような努力をしています。そんな最高レベルの戦いにおいては準優勝でいいとか、表彰台に上がればいいや、などと甘く考えているアスリートはいません。

そもそも優勝と準優勝、一位と二位の差は大きく、人々の記憶に残るのも当然、優勝して金メダルを獲得した選手だけです。

「僕は二番手でかまいません。辻社長について行きます」

――よくこんなふうに僕に言ってくる人間がいます。

リーダーを支える参謀役的な存在になりたいと言っているのかもしれませんが、そもそも最初から二番を狙っている人間は二番も取れませんし、勝者と敗者で言えば二番手は敗者ですから、敗者に支えられたリーダーが勝てるわけがありません。

ですから僕は、常に最初から一番を狙って金メダルを勝ち取りたい。

この会社で二番になりたい、辻さんを支えたい……という気持ち自体は嬉しいです。

でも、そんな悠長な気構えをしていては、僕のコミュニティーではナンバー2にすらなれませんよ。だから、僕は二番手でいいという考え方には賛同できません。

僕からしたら、一番になれない人生などゴミほどの価値もないのです。

僕はずっと野球をやっていましたから、何事も野球にたとえる機会が多いですが、甲子園出場と甲子園優勝ではそもそも天と地ほどの大きな差があります。

先日、ある先輩の紹介で甲子園大会で初優勝を遂げた高校の野球部監督と食事をご一緒させていただきました。

僕は全国で一番を勝ち取った率直な気持ちを聞きたいと思いました。

「目指すところで人は決まる」

監督は僕にそうおっしゃいました。

県内に野球部のある高校がたくさんある中で、ほとんどの高校は強豪校である○○○高校に勝つべく、「打倒○○○！」を旗印に戦っています。

監督は違うそうです。

「県大会優勝」とか、「打倒○○○！」は少しも思っていなかったそうです。

「甲子園優勝！」……それが最初から監督と選手たちの目標でした。

そして、その気持ちの差が決勝戦で選手たちに出たともおっしゃっていました。

「打倒○○○！」が目標だったら、県大会に優勝した時点ですでに目標を達成してしまっているわけですから、その先のモチベーションを維持するのが難しいでしょう。

しかし、その高校の目標は「甲子園優勝！」、「日本一！」ですから、○○○高校に勝ってもそれは一つの通過点に過ぎません。実に説得力があると僕は感銘を受けました。

甲子園優勝という全国で一番を取った監督の言葉はやはりひと味違います。

「一位と二位では景色が違う。一位は景色が全然違うし、周囲の反応も違う」

そんな言葉を監督から直に聞いて、凄く勉強になりました。

僕も元からビジネスで一番を目指す気持ちに変わりはありませんでしたけれど、正直、同世代で一番になりたいとか、その程度だったことは否めません。

何をもって一番と認定するかは人それぞれですが、資産か人材かで言えば僕の場合は人材です。人材でとにかく一番を目指そうと改めて思いました。


そもそも、僕は二番手でいいと思っている人間に何の魅力も感じません。

「僕は辻さんの首を取って、一番になってやる！」

——それくらいの熱意がないと僕は認めません。

少なくとも僕は常に一番を目指して生きていますし、一番を目指して生きているなら今日死んでも悔いはないと思っています。常にトップを目指して、毎日毎日、全身全霊を込めて生きていますから後悔など残るはずがありません。

目指す場所が一番ということは、その目標を実現するには高いレベルで戦うことができないといけません。最初から自分で限界を決めていることの方が問題で、速いタイムを出したければ速い奴と競争するわけで、常に自分の限界に挑まないといけません。

前述しましたように、僕のコミュニティーは売上が日本三位と言われていますけれど、当然、三位で満足はしていません。

正直悔しかったですし、一番を狙わないといけないと思っています。

上にいるのは西野さんと堀江さんです。

〝なんで俺はこの二人に負けているんだろう？　人としての魅力では負けていないはずだ〟

——正直、そう思いました。

数あるコミュニティーの中から僕を選んで来てくれた人に「三位で良かったですね」と言うのは凄い恥だと思うし、凄く申し訳ない気持ちです。

僕は三位でいいとは一切思っていませんし、今日、この瞬間から決意も新たに一番になるつもりで戦っていきます。

最強になる
Power Word
❹

諦めたら終わり、勝つまで粘り強く戦え

ところで、成功か失敗か――それはどこで差ができるんでしょうか？

何事も途中で諦めるから失敗になりますし、諦めずに成功するまで挑戦し続ければ、それは成功になる……僕はそんなふうに考えています。

その意味で、僕は何事も絶対に諦めたら終わりだと思っています。ただし、諦めるのと見切りを付けるは紙一重で、同様に、しつこいと粘り強いも紙一重です。

粘り強く挑戦するのは大事なことですが、ただし、見切りを付けるのは大切です。

ここをはき違えると、たとえば三〇歳という僕の今の年齢で再び野球選手を目指すと宣言しても、現実問題としてそれは無理ではないでしょうか。

それは粘り強いにはならず、しつこいになるので見切りを付けないといけません。

しかし、そこを間違えずに見切りと粘り強さも紙一重、馬鹿と天才は紙一重みたいなも

ので、やはり、諦めずに挑戦した方がいいでしょう。

見極めるのは大切ですけれど、諦めたら駄目だと僕も常々言っています。

なぜなら、こんなこともあるからです。

〝一〇〇回挑んでも開かないドアが、一〇一回目に開くかもしれない〟

何度も何度も挑戦して、一〇〇回叩いても開かなかったけれど、一〇一回叩いたら、ようやく開いたということもあります。物事とは不確実なもので、挑戦し続けている限り、いつか成功するかもしれないというのは紛れもない正論です。

ビジネスでも、お金でも、成功でも、目標は得てして人間の目には見えないものです。いつ運命の女神がこちらを振り向くかは分からないからこそ、人は永遠に挑戦し続けるのかもしれません。

たとえば、みなさん方はお金が好きでしょう。

好きの程度に差こそあれ、たいていの方はお金が好きだと思います。

そこで、仮にもし一〇〇メートル先に一〇〇万円の札束が落ちているとしたら、絶対走って取りに行くでしょう。さらにその先も一〇〇メートルごとに一〇〇万円の札束が落ちていたら、何があっても倒れるまで一生取り続けますよね。

仕事も休んで、遊びもデートも我慢して一〇〇万円の札束を取るでしょう。

でも、これって決してたとえ話ではないんです。

実際にお金は一〇〇メートル先に落ちているんです。でも、ほとんどの人には一〇〇万円が見えていないから取らないんです。ですから、目に見えないお金よりもっと楽しいことに走る。お金が見えていたらご飯も食べず、好きなことも我慢して取るでしょう。

実は、これって想像力の問題です。

僕にはお金が落ちているのが現実にしっかりと見えています。

「テレビに出たい」、「本を出したい」、「有名人と結婚したい」、「お金持ちになりたい」

……みんな笑いました。でも、僕はできると思っていました。

なぜなら、そんな自分の姿が見えていたからです。

実際に僕はテレビに出ましたし、本もこうして二冊目を出そうとしています。

三〇歳の僕ができたということは、今の若い人たちの年齢ならもっともっと実現する可能性が高いと思います。だからこそ、想像力を働かせて欲しい。みんな目標が見えていないから諦めるわけで、見えていたら誰だって諦めないはずです。

だって一年三六五日、毎日五時間筋トレしたら一緒に過ごしてあげると好きな女優に言われたら、絶対みんな筋トレするでしょう。僕なら絶対します。

そこは想像力を働かせて、目の前には一〇〇万円が落ちている、あるいは憧れの女優が待っていることを想像して、現実化して挑戦することを諦めることなく続ける。

そうすれば、ビジネスでも恋愛でも、誰だって勝利を勝ち取るチャンスはあるんです。

最強になる
Power Word
❺

死ぬ気で頑張るのは駄目、殺す気でやれ

大きな目標に挑戦するとき、「死ぬ気で頑張ります」と言う人が多いです。

企業の目標達成や、それこそ原稿の締め切りもそうですね。その日までに何としてでも実現しないといけないとなると、みなさん死ぬ気で頑張るようです。

でも、僕はこの「死ぬ気で頑張る」という表現は正しくないと思います。死ぬ気で頑張ると言っている時点で、死ぬ気満々だからです。最初から死ぬ気でいるのは駄目だと僕は思います。僕ならこう言います。

「死ぬ気で頑張るな、(相手を) 殺す気でやれ!」

殺すというと語弊があるかもしれませんが、要するに〝相手を潰すつもりで挑戦しろ〟と言う意味です。ビジネスで競合するライバルがいるときなど、まさにこれです。

ライバルは潰してでも自分たちの会社は上に行かないといけません。

ライバルでも、昨日の自分でもいいからことごとく潰す気で行きましょう。ただし、絶対に死ぬ気はいけません。死んでしまったら意味がありません。

ビジネスにおいて、競合他社、つまりライバル会社には絶対勝たないといけません。そこはもう潰すつもりでやらないとこちらが負けてしまいます。

〝仲良しこよしで協力して、どっちも大きくなれたらいいね〟と言う人もいるでしょう。それもありかもしれませんが、特に美容院のような業界であればそうはいきません。

「相手を潰せ!」

「競合他社は全て潰せ!」

――僕はそう言って檄を飛ばしています。

なぜなら、今、美容院業界はとても厳しい状況にあるからです。年に一〇万軒出して、九万軒が潰れるビジネスと言われています。成功するためには一万軒に入らないといけないわけで、一〇分の一に入れない経営者は負け犬です。

そんな状況であれば甘いことは言っていられません。死ぬ気で頑張ると言った時点で死ぬのは負けです。子供のままごとではなく、大人のビジネスですから、こう言って檄を飛ばすのが経営者として当然のやり方です。

「俺ら以外全部潰せ!」

今の時代ではさすがに競争相手の店に消火器の薬剤をまくわけにはいきませんけれど、何をすれば潰れるのかは頭をひねって考えるべきポイントです。一番可能性が高いのはその店で一番売上を上げている美容師さんを引き抜くことかもしれません。

自分が成功するには相手を引き抜くしかないとなったら、僕は喜んで相手を引き抜きます。実際、人材不足の業界ですから優秀な美容師は奪い合いです。

そこで勝つ、つまり、引き抜きに成功するには僕自身、あるいは店長、店そのものに魅力がないといけません。

逆に言えば、レベルの低い会社はそれをみんな相手のせいにします。

「あの店に人を取られた」

「あいつが汚い真似をするからうちの会社は潰れた」

――全部人のせいにします。社長の魅力、会社の魅力の戦いでもありますから、それで負けて愚痴を言うような会社は魅力のない会社だと思います。

そもそも人が離れていくのは魅力で劣る経営者自身の責任なのに、魅力がないことから目を背けているんです。

弱肉強食の世界では、相手を殺すつもりで頑張らないと成功できません。

ビジネスの話をすぐ恋愛に持っていくのは僕の悪い癖ですが、これは恋愛においても同じことです。

好きな彼女が誰かの恋人だったら、相手から分捕ればいいんです。相手が結婚していても良いと思うんです、僕は。

だって、逆のことを考えて見てください。たとえば僕に彼女がいて、彼女が別の男を魅力的に思ったらそっちに行くでしょう。そんなとき、相手の男に文句を言うより、自分がなぜ駄目だったのか反省して、もっと成長して、さらに良い女性をつかまえればいいんです。恋愛も奪い合いであって、そこは厳然たる弱肉強食の世界にほかなりません。

逆に僕の店から引き抜きされたときは、こう言って納得します。

「負けました。自分の魅力が足りなかったせいです」

そして、自分をもう一度奮い立たせて成長し、いつか逆転してもう一回引き抜き返してやろうと決意を新たにします。

とにかく今の若者は考え方が甘い人が多いです。

何でも人のせいにしています。上司のせい、会社のせい、システムのせい……そんなに他人のせいにするなら人生辞めてしまった方がいいでしょう。

その仕事を選んだのは自分でしょう、努力していないのは自分でしょう……独立する根性がないのは自分でしょうと僕なんか考えてしまいます。

そもそも会社なんて嫌なこともありますし、世の中自体、理不尽なことばかりじゃないですか。でも、それが世の中なので、それを受け止めて認めたところから始めるしかありません。それが嫌だったら、やめて自分の思うようにできる会社を作るしかないんです。

でも、そこまでの勇気と覚悟はない。だったら、会社の愚痴を言わず、給料の愚痴を言わずにやり続けるしかありません。

これからはしっかりと現実を認識して、相手を潰す気でいって欲しいです。

CHAPTER 5

人を巻き込むための法則

空気が読めるということは、
相手が欲しがっているものを
瞬時に見抜いて与えること。

転ぶことを恐れず、立ち上がったときは
以前よりもっと成長している姿を見せる。

そのとき下した選択よりも、
その判断を正当化するための
後の努力のほうが重要である。

人のために何かすることは
自分の成長につながる。

まずは人に与えることが、
自分の言うことを聞いてもらえる、
人を巻き込める唯一の近道である。

騙す側よりも騙される側の人間でいたいし、
騙されて失ったお金も勉強代だと思えばいい。

人を巻き込む
Power Word
❶

空気が読めないと人は巻き込めない

近年、〝空気を読む〟というフレーズが大人気のようです。

場の空気は読んだ方がいいのか、読まない方がいいのか……これは永遠の課題です。読むか、読まないかの二者択一で言えば、僕みたいな若い経営者には空気を読まないイケイケタイプの人物像を期待されている方が多いかもしれません。

確かに僕も二年前はイケイケで唯我独尊でしたけれど、空気を読むか読まないかに関しては、昔から空気を読むのは大事なことだと考えています。

なぜなら、空気を読まないと人を巻き込むことができないからです。

よくKYと言いますけれど、空気を読むことは絶対に必要です。

『一流の人は空気を読まない』（堀紘一著／角川oneテーマ21）とか、『空気を読んではいけない』（青木真也著／幻冬舎）という本を出されている方もいらっしゃいますけれど、僕からすると大変おかしなことだと言わざるを得ません。

その人が空気を読まなくても成り立つ〝場〟があればいいでしょうけれど、ごく普通の若い人たちが場の空気を読まなかったら殺されますよ、マジで。

殺されるというのは極端な言い方ですが、空気を読まない若者を可愛がる人はいないでしょうし、僕だってその場にいたらぶん殴っているでしょう。


では、空気を読むとはどういうことなのか、僕なりの考えを述べます。

空気が読めるというのは何か言葉を口にしたり、しなかったりして場の空気を気まずくさせないことではありません。そんなことは空気を読む際の大前提で、これができない人は人間をやめた方がいいでしょう。

僕にとって空気が読めるということは、相手が欲しがっているものを瞬時に見抜いて、それをしっかり与えるということです。

若い人には少々高難度の対応術かもしれないのは承知の上です……。

特にビジネスにおいて、経営者が求めているものはそれぞれ違いますから、相手が欲しがっているものを瞬時に判断して、そこを突いていかないといけません。

男女関係に置き換えると一目瞭然です。ズバリ、相手の〝性感帯〟を刺激することと同じです。唇、耳、うなじ、脇、胸、背中、尻、局部、太股……と気持ちが良くなる場所は人それぞれ違います。その人ならではの性感帯を見極めて、そこを攻めればいいんです。

ビジネスに当てはめれば、〝言葉の性感帯〟となります。

これはその人が褒めて欲しいところを上手に褒めるやり方です。女の子に対して、カバンを持ってあげるとか、ドアを開けてあげるように、ビジネスの相手に対して褒められたい場所をうまく刺激して、相手にメリットを与えるんです。

経営者であれば、資産を褒めて欲しい人もいれば、高級時計を褒めて欲しい人、愛車を褒めて欲しい人、人間性を褒めて欲しい人、顔面偏差値を褒めて欲しい人、美人の恋人を褒めて欲しい人、バキバキに割れた腹筋を褒めて欲しい人……といろいろですから、これを瞬時に判断して褒めてあげれば相手は悦に入って喜ぶことでしょう。

――それこそが僕が考える空気を読むということです。分かりやすいでしょう。

うまくそこを刺激できれば、相手はこう言って大いに喜ぶでしょう。

「おお、俺の気持ちがよく分かったな！」

でも、その逆もあるわけで、褒めるポイントを間違えると空気がガラリと悪い方に変わってしまいます。どちらも一瞬の変化ですが、それが空気を読む際に必要なことです。

ちなみに僕の場合ですと、もうお分かりでしょうけれど「お金をたくさん持っていますね」と言われてもあまり嬉しくないです。それよりこう言われたい――。

「辻さんにはたくさん人がついてきて、他の経営者にないものを持っていますね」

そんなふうに言われると、僕は気持ち良くなって舞い上がってしまいます。

また、相手を褒める際には、相手が年上か年下かでも空気の読み方が違ってきます。それが端的に現れるのが〝目線〟です。

僕のコミュニティーにはビジネスどころか、大人社会の何たるかさえ分かっていない高校生や大学生もいます。そういう人たちを相手にするとき、僕はしっかり目線を下げて話すよう心掛けています。

でも、これって経営者でできている人は意外といません。

有名な社長で言えば、堀江さんも『バカとつき合うな』（堀江貴文、西野亮廣著／徳間書店）という本を出しているくらいですから、決して目線を下げないでしょう。

でも、僕自身、目線を下げることで勉強になりましたし、成長させていただきました。もともと僕は人が好きで、野球部時代も後輩から慕われていた方の先輩だと思います。体育会系の部活では高圧的過ぎて嫌われる先輩も多いですからね。それが今のビジネスにも生きています。

たとえば、若い子の前ではこういう言い方をした方が引きがあるとか、講演会でも若い層が多かったら、ちょっとだけ上から目線で話した方が彼らの心に響くはずです。

なぜかというと、若い人たちは僕を尊敬して会いに来てくれているからです。最初から僕を上位的存在に見ていますから、上から目線で話した方が心に響くでしょう。〝俺はこうやってきたから、お前らもこうやったらいいぞ〟という言い方です。

しかし、お年寄りや年配のお金持ちを相手にしたとき、上から目線で話すと〝お前みたいな若造がよくそんな偉そうなこと言えるな〟と思われかねません。

ですから相手によって自分の立ち位置をしっかり考えないといけません。これは自分を理解するということにもつながりますし、空気を読むことにもつながります。

僕は常に自分を理解することが空気を読むことにつながると考えていますので、空気を読むためには自分のことを理解する必要があります。

また、一つひとつの状況で自分の立ち位置を理解することも重要です。今日はこの位置、明日はこの位置と状況ごとに理解するわけです。

たとえば、今日はAさん主役のイベントだから、俺は脇役に徹しておこうとか、逆に明日は自分主催のイベントだから自分が目立っていこうと意識しています。

誰だって先輩とご飯に行って先輩が冗談を言ったら、そこはたとえ面白くなくても笑った方がいいと判断するでしょう。

僕だって、全然面白くないときでも「マジすか！」と調子合せて、面白かった顔をすることがあります。手を叩いて笑いますけれど、これは当たり前の行動だと思います。

でも、今の若者の中には全然気づいてない人、空気を読まない人が一定数います。彼らはどうも〝逆張りするのは恰好いい〟と考える風潮があります。

あえてみんなと逆のことをするのが恰好いいと思っていて、僕も反抗的な若者だった二〇代前半はそうでした。

でも、本当は笑うときは笑う、気持ち良くするときは気持ち良くする、会釈一つ取ってもときには大げさにすればいいんです……それが空気を読むということですから、意識して今日から変えて行って欲しいですね。

人を巻き込む Power Word ❷

人間力とは空気を読むことができる力である

空気を読むことの重要性を話してきましたが、僕は空気を読むことができる力＝人間力だと考えています。

その点で言えば、僕は誰にも負けない絶対的な武器を持っていると自負していますし、それは空気を読むことで人から絶対に好かれるという自信でもあります。

先ほど、野球部時代は後輩から慕われていたと書きましたが、後輩だけでなく先輩からもかわいがられていましたし、不思議と僕の周りには人が集まっていました。

それには野球を通して培ったコミュニケーション能力が関係していると思います。

高校・大学と七年間、チームプレーに徹していたとは決して言えない僕ですが、チームメートとの仲は実に円滑でした。僕が人一倍練習魔だったこともありますけれど、それ以前に僕はどんな人と会うときでも礼儀を欠かしたことがないからです。

いつもしっかり挨拶をしましたし、先輩と接するときには常に敬う姿勢でいました。後輩に対してもいばったり、いじめたりすることもありませんでした。

大学卒業後は大阪で不動産の営業マンとバーテンダーの仕事を掛け持ちしていました。バーテンダーは不動産の人脈を広げる目的でしたが、お陰で接客能力やお客の人物像を見抜く観察眼も養うことができたので非常に感謝しています。

バーテンダーの中にはお酒を提供していれば十分と思っている人もいますが、僕は違います。カウンターに座ったお客様の人物像を推測しながら接客していました。

〝この人はどんな仕事をしているんだろう?〟

〝どんな趣味の人だろう?〟

……お客様が触れて欲しい部分、あるいは褒められたい部分、つまり言葉の性感帯を程良く刺激し、楽しい気分にさせてまた来てもらうのがバーテンダーの仕事です。

〝こいつは楽しい奴だ〟

〝意外と気の回る奴だ〟

そう思わせてリピーターになってもらえば、自分の味方になってくれて、不動産の仕事にも役立つというものです。この臨機応変の対応ができるのが〝人間力〟です。

そんな僕が考える〝人間力〟のポイントは以下の四つです。

①挨拶

幼少期から野球をやってきた僕は、挨拶（礼）に始まり、挨拶（礼）に終わる精神が根付いています。挨拶やお礼は人間関係の潤滑油ですので、ビジネスでしっかり挨拶ができる人は相手から信頼される大きな理由になっています。

②身だしなみ

人間は外見より中身と考えている人も多いと思いますが、僕はそうは思いません。

なぜなら、見た目が良くないとそれだけで相手に疎まれ、深く知り合う機会がなくなってしまうからです。しかし、何も二年前の僕のように高価なブランドで着飾る必要はありません。大事なことは相手に与える清潔感ではないかと思います。

ビジネスの現場でジーパンでもまあ構いませんが、清潔感のある服装に磨かれた靴、さっぱりした髪型や指先、つまり爪の手入れなどは重要なポイントです。

③決断力

ビジネスにおいて即断即決ができるかは重要な要素の一つです。

毎度毎度、「本社に持ち帰って検討させていただきます」と言っていたのではただのメッセンジャーに過ぎません。有無を言わさぬ決断力の速さがビジネスの行方を左右することがあるのを考えると、決断力のある人間ほどビジネスの世界では重宝されます。

④向上心

ビジネスや恋愛のみならず、それこそ人生において向上心は絶対に必要です。

向上心のない人間はそもそも反省しませんし、反省しない人間は成長しません。逆に、向上心のある人間は、昨日よりも今日の自分、今日よりも明日の自分と考えて反省と努力を欠かしませんから、少しのことではへこたれませんし、自分を磨く努力も怠りません。

仕事を任せれば、少しでも稼ごうと努力するはずです。

何より僕自身、ビジネスを始めた頃は〝プロ野球の世界に行った人間より稼ぐ〟という野心が原動力となりました。そうした向上心がある人間ほど僕が巻き込みたい人間です。

人を巻き込む Power Word ❸

転ぶことを恐れるな。転んだときに立ち上がることが大切だ

人は誰だって転びます。この世に一度も転ばなかった人などいません。転ぶのは日常茶飯事ですけれど、転ぶこと、失敗することを恐れていては成長しません。

なぜ人は転ぶのかを考えてみますと、平坦な道では人はあまり転びませんし、段差や障害物など何らかの〝異物〟があるときに人は転んでしまいます。

実は、この異物こそが挑戦に当たるわけで、人は転んだ状態から立ち上がることで成長するんです。その点では、異物に感謝してもいいくらいです。

僕はまだ結婚していませんけれど、将来、仮に子供ができたときにどういう子育てをしたいか少しだけお話ししましょう。

たとえば、子供が自転車に乗る練習をする機会がやってくるでしょう。最初のうちは恐がる子供が乗った自転車から手が離せないでしょうが、そのままでは子供は一人で自転車に乗れるようにはなりません。どこかで手を放す必要があります。手を放したら子供は自転車ごと倒れるでしょう。

そのとき、転んでけがをして血を流すかもしれません。でも、転んでけがをすることを恐れていたら、いつまで経っても一人で自転車に乗ることはできません。しっかり自転車の乗り方を習得するためには多少のリスクは付き物です。

僕は子供に「転ぶな！」と言って手を添えてやるより、最悪、転んでもけがをしてもいいから手を放すことによって自転車の乗り方を教えてあげたいです。

自転車で転んだときに一人で立ち上がる術を知らないと、子供はいつまで経っても自転車に乗れるようにはなりませんからね。

僕自身、これまでたくさん転んできましたし、今でも転んでいますし、僕の人生なんか傷だらけです。そもそも、転ぶことを恐れていたら挑戦なんてできません。

でも、傷口はかさぶたになって治りますし、以前より丈夫になるでしょう。同様に、ビジネスの失敗もいつしか教訓になるでしょう。

ですから、転んで傷付くことを恐れずに、傷付いてもスッと立ち上がって生きていきたい。この先だって何度も転ぶことがあるでしょうが、転ぶことを恐れずに立ち上がれば、以前より成長している姿を見せることができるはずです。

七転び八起き……たとえ何度転んでも立ち上がる姿を見せることが大事なのです。

今日までビジネスを続けてきて、裏切られたことも一度や二度ではありません。

会社の金を横領されたこともありますし、金を貸して失踪されたこともありますけれど、落ち込んでいても金は戻ってこないので、落ち込むよりは今日騙されたことを一年後にはみんなの前で笑って話せるような自分になりたいと考えることにしました。

一年後には笑い話になっているから大丈夫だと思える自分であれば、騙されたことだって一つの大きな教訓と財産になるはずです。

人を巻き込む
Power Word
4

ビジネスは相手が欲しがっているものをまず与えろ

そもそも、人を巻き込むためには何が必要でしょうか？

僕は野球をやっていたので、もともと礼儀や挨拶は得意でしたけれど、それは社会人として当たり前のことで、学生時代、先輩や監督に殴られて礼儀と挨拶を学びました。一方で、大学時代に僕を使ってくれない監督やチームに対して、僕は人のせいにして憤りを覚えていました。〝俺を使わなかった監督が悪い！〟〝こんなチームが悪い！〟と思っていたのですが、今になって使ってもらえなかった自分が悪いと悟りました。

これもこの数年で成長した部分です。だって、好かれる奴は好かれるんです。

会社でも理不尽なことってあるでしょう。上司に好かれる、好かれないって絶対出てくると思います。えこひいきされるかされないか、でも、それってえこひいきしている方が悪いのではなくて、えこひいきされない自分が悪いという点に気付いたんです。

えこひいきされている人は何かしら相手にメリットを与えているんです。可愛がってもらえる後輩は、絶対先輩に対して何かしらのメリットを与えているものです。

僕は〝人生はギブ&テイクだ〟とずっと言っていますけれど、まずは人に与えないと自分に返ってきません。まず、人に与えることが、自分の言うことを聞いてもらえる、人を巻き込める唯一の近道です。


先ほどお話しした空気を読む力や四項目からなる〝人間力〟も人から気に入られるには大事だと思いますが、それだけでは限界があります。

人を巻き込む、人に気に入られるには、やはり〝ギブ&テイク〟だと思います。

たとえば僕が先輩に「先輩、ご飯連れてってください」とお願いしても、それだけでは連れて行ってくれないと思います。

こう書くと、こんなふうに言い返してくる方がいらっしゃるかもしれません。

「じゃあ、何で辻さんは先輩にご飯に連れて行ってもらえるんですか?」

講演会やって、起業サロンやって、飲食、美容院やって、可愛がられて凄いなあと思われるかもしれません。

でも、僕が感じて欲しいのはそんな表面的な部分ではなく、もっと奥の部分です。

「先輩、ご飯連れてってくださいよ」

そうお願いして色よい返事がなかったときなど、先輩の耳元でこっそり「可愛い子用意しましたよ！」とささやきます。これは最高の裏技です。

女性だって、「デートしたい」「デートしたい」と言い続けているだけでは絶対にデートに行ってくれません。もちろん、彼女があなたを元から好きなら別です。

ホームラン競争のピッチャーみたいに〝打ってください〟とばかりに投げているケースと違い、際どいインコースの球をいかに打ち返すかというようなケースであれば、ミシュランガイドの三ツ星レストランや食べログ四・八ポイントの人気店を予約するとか、少なからずメリットを与えないといい返事はもらえません。

たとえば僕が敬愛する先輩に、僕のコミュニティーに協力して欲しいと思ったら、その先輩に僕は何かを与えて、与えて、与え続けると思います。そうすることで、もう断れない状況になっているわけです。これも一つの営業です。

与えて、与えて、ギブして、ギブして、ギブして、ギブして、で、ふとしたときにテイクを求めるわけです。与えまくっていたら相手も断れませんからね。

そんなとき、その先輩は絶対、返さないと恥ずかしいじゃないですか。若い人でも一緒です。可愛がって飯に連れて行って「ちょっと（○○を）頼むわ！」と言ったときに、「嫌です」と言う人間と僕は絡みません。それと一緒です。

僕は先輩とご飯に行くときでもまず、ギブすることを心掛けています。小さなギブでもいいんです。先輩が女性好きなら、女性を連れて行けばいいと思うんです。それもギブであって、そのあたりは常に意識しています。

若い子にもそこは意識するように言っています。先輩に「可愛がって欲しい」、「俺をえこひいきして欲しい」と口で言う前に、えこひいきされる理由を作ることが必要です。自分だけ求めているのはただ欲求を押し付けているだけだと思います。

女性関係だって、付き合って欲しい、好きになって欲しい、セックスしたいと自分の欲求を一方的に主張するだけでは願いはかなわないでしょう。自分が気持ち良くなりたいと思ったら、まずは相手の性感帯を探して、そこを上手に刺激して気持ち良くさせてあげないといけません。

何らかのメリットを先にギブすることで、テイクが生まれるんです。

とかく自分の要求を押し付けたがる人は、残念ながら人を巻き込むことはできません。人から可愛がられたいと思ったらまずは与えることです。それが空気を読んで人を巻き込むための最善の方法です。

好きになって欲しいなら、まず与えないと好きになってくれませんし、振り向いてすらくれないでしょう。そこはビジネスも恋愛も共通している部分です。

ギブして、ギブして、ギブし続けることが、テイクを得る秘訣だと確信しています。

人を巻き込む Power Word ❺

騙されてもいいから人を信じ続けろ

僕のビジネス哲学は人を巻き込むことだとお話ししました。

人に投資することを信条としている以上、僕は人を一〇〇パーセント信じています。

最初から人を信じないで疑ってかかるということは、ある意味、リスクを背負わないことにもつながりますから、リスクを背負うことが好きな僕のやり方ではありません。

少なくとも僕は今まで人を信用してきましたし、当然、ときには裏切られたこともあります。でも、振り返ってみますと、人に裏切られた回数より人を信用して良かったと思えた回数の方が圧倒的に多いんです。


もちろん、最初から人のことを疑っていたら騙されることはなかったでしょう。

でも、信用したことによって喜びを分かち合うことができました。ですから、僕はこの先、騙されてもいいから人を信じ続けようと思います。たとえ人を信じて裏切られたとしても、裏切られたことが良かったと思える日を創ればいいだけの話です。

当然、僕も大人ですから全ての人を信じて全てうまくいくことはないのは十分分かっています。騙す側にだってそれぞれ事情があって、最初から騙すつもりはなくて、やむなく騙してしまったという人もいれば、最初から騙す気満々の人もいるでしょう。

でも、一つだけ確かなのは、僕は騙す側より騙される側の方がいいということです。

これもまた僕の経験から言えることですが、騙す側の人間って絶対に消えていなくなります。もちろん法の目を逃れないといけないというのもあると思いますが、人を騙したら明るい場所を歩けなくなりますし、ほぼ一〇〇パーセントの確率で社会的に消えます。

一方で、騙された側の人間は大手を振ってお天道様の下を歩けますし、こうして本を出すこともできます。そして、騙された体験を笑いながら話すこともできます。

もし、僕が人を騙していたら、日の当たらない場所を歩き続けるしかないでしょう。


騙された経験を人に話すことで、過去の教訓とすることもできるんです。

〝辻さんも騙されることがあるんだから、俺が騙されるのも仕方ないな〟

そう思っていただければ騙された甲斐もあるというものですが、読者のみなさんの中にも騙されたことがある人はいるでしょう。

騙されたときは当然、悔しい思いをしたはずです。でも、自分一人じゃない、ほかにも騙された人がいるんだと思えば、気が楽になるはずです。


〝災い転じて福となす〟ということわざがあります。

人を信じて騙されたとしても、騙されなかったとしても、いずれにしても自分の成長につながるわけですから、そんなことは別にどちらでもかまいません。

なぜなら、未来も過去も自分で変えられるからです。騙されたとしても人のせいにすることなく、騙された自分をプラスに転換できればいいだけの話です。

もし騙されたのなら、〝あのとき、騙されて良かった〟と思える日を創ればいい。失敗は努力すれば成功に上書きできるんですよ。僕のようにこうして本に書くことで、騙された経験をプラスにできると分かれば少しは元気になるでしょう。

ですから僕は騙す側よりも騙される側の人間でいたいし、騙されて失ったお金も勉強代だと思えばいいんです。騙した人間は消える、騙された人間は笑っていられる……実にシンプルで、それが世の中の理《ことわり》なのですから騙されてもいいから人を信じましょう。

なぜ信じたほうがいいかは、〝儲〟という漢字を見れば一目瞭然です。

——だって、儲は信じる者と書くでしょう。信じる者=儲かるんですよ。

人を巻き込む
Power Word
❻

人を大事にすれば絶対自分に返ってくる

僕のコミュニティーには今、六〇〇人以上参加してくれています。

月額三万円の会費をいただいて、ビジネスマッチングをしたり、仲のいい友だち、心を開ける友だちが出来たり、僕と一緒に何か仕掛けられたり、みんなで成長する場所です。会員のみなさんとは一ヵ月に一回、約二〇分間面談させていただく他、SNSで発信したり、一ヵ月に一回は各地で講演会を開いたり、月四回の懇親会を行ったりして交流を深めています。

二人きりでしか言えないこともあると思いますし、二人きりで会わないと、正直、気持ちが分かりませんし、同じ方向を向いていられないのでそこには時間を使っています。それだけ時間を使わないと人は付いてきてくれないですし、分かり合えないと思います。

コミュニティーは会員の方が成長する場ではありますけれど、僕自身も成長させてもらっているので、凄く感謝しています。

六〇〇人以上もいると、一人ひとり覚えていられないと思われるかもしれませんが、僕はしっかり覚えています。そして、一ヵ月前に会った人に〝お前、一ヵ月前と変わらないな、成長してないじゃないか。人は一ヵ月あれば十分変われるぞ〟と言うこともあります。

覚えてもらえる、覚えてもらえないは人のせいではなくて、相手が僕以外でも、誰かに覚えてもらうためには覚えてもらうためにする努力が大切なのです。

「覚えてもらえないではなく、覚えてもらえるように努力しよう」

僕はいつもそう言っていますが、僕自身もみんなに覚えてもらえるような魅力的な人間になりたいといつも努力しています。


僕が考える魅力的な人間というのは人を巻き込める人間です。周囲の人から応援される人間、先輩からは可愛がってもらい、後輩からは慕われる人間のことです。

一方で、経営者に必要なのはビジネスのノウハウではなく、人間力、つまり人としての在り方や魅力、求心力です。人を集める力さえあれば成り立つ仕事で、ノウハウはスペシャリスト（優れた人材）を雇えばいいだけのことです。

僕の理想とするのは異性だけでなく、同性からもモテる人間、人がついてきてくれる人間で、お金持ちよりも人持ちのほうが断然格好いいと思います。

「辻さんの起業サロンを一番にしたくて入りました」

そんなふうに思ってくれている人間が何人いるかだと思います。

何でそう思ったかを聞いてみると、「辻さんに魅力を感じたから」と答えてくれました。

こんな嬉しいことはありません。そんなふうに思ってくれている人、自分についてきてくれる人を稼がせるのが経営者としての僕の責任だと心得て、日々、経営とコミュニティーの運営をしています。


最後に、ここで少し昔話にお付き合いください――。

僕が大阪の不動産屋で働いていたとき、その不動産屋には僕より若い従業員が一三人働いていました。

僕は二四歳のとき、独立を決めて社長に退職を申し出ました。かわいがっていた後輩たちに「俺は今日でやめるけど頑張れよ。いつかまた会おうな」と言いました。すると、その子たちが涙を流しながら、こう言ってきました。

しかも一人や二人ではなく、一〇数人です。

「辻さんについて行っていいですか?」

「敬太さんが辞めるなら、僕もこの会社辞めます」

もちろん、彼らに小遣いをあげていたわけでもないですし、せいぜいご飯に連れて行って夢を語ったくらいです。ついてくると言われても、会社だってまだないし、給料を払える見込みもありません。起業しても破産するリスクがあるかもしれません。

僕はそう正直に話しました。

「それでもいいです。無給でもいいから敬太さんの下で働きたい！」

みんなそう言ってくれました。これには僕も感動しました。

人を大事にするとか、人に何かを与え続けることって絶対自分に返って来るんです。そのことがよく分かりました。

それが僕のビジネスの原点の一つかもしれません。その子たちの何人かが今、グループ会社の社長をやっていて、会社を成長させてくれました。

ほかにも、幹部には学生時代の友だちもいますし、高校の同級生もコミュニティーに入ってくれています。こういった人材はどこでつながるか分かりません。

たとえば僕の講演会に参加して、隣で一緒になった人が将来ビジネスを起こして有名になるかもしれません。腹黒い話ですけれど、今日会った人が将来活躍するかもしれないと思えば、仲良くなってツバを付けておいてもいいでしょう。

大学のサークルで合コンをしたとき、女性を口説くのがうまいとか、女性にモテる人がいたら、そういう人とも仲良くしておけばいいんです。

一人で起業して誰の力も借りずにやるのもいいですけれど、やはり人を巻き込んだ方が成功する確率は高いでしょう。そのためにも仲間は絶対作っておいた方がいいんです。

一匹のクジラよりイワシの軍団の方が強いんですよ。

おわりに

「辻さんと出会えて人生が変わりました」
「辻さんの会社に入って収入が数倍になりました」
「辻さんの下で働けて嬉しいです」
――今日まで生きてきて、こんなふうに言われたときが僕は一番嬉しいです。

自分が何億稼ぐよりも、従業員が何千万稼いでくれた方が心の底から嬉しいし、従業員やコミュニティーの会員たちからこう言われると幸せで心が躍ります。

こんな瞬間があるから、人に投資して、人を巻き込むことがやめられません。

そういう意味でも僕はやはり人に影響力を与える人間になりたいです。

僕の発言一つでその人の人生が変わったり、人生が救われたりすると本当に嬉しく感じます。ビジネスで何億円稼ごうとも、それは目的ではなく、僕の目的は人間力がある人を巻き込むことですから、そのためには一生成長し続けなければなりません。

お金という目に見える目標と違ってゴールは見えませんし、死ぬ最後の瞬間までずっと成長し続けるのが僕の夢です。

そうやって生きていくことが僕のビジネスにつながりますし、僕が成長することで、よりたくさんの人を巻き込めると思います。

実際、僕のコミュニティーには優秀な人がたくさん入ってきてくれています。ということは、すでにたくさんの人を巻き込むことに成功していると言っていいと思います。それはやはり数年前から変われた自分がいるから今があると思っています。数年前の自分だったらこんなに人を巻き込めなかったでしょう。

「辻敬太って人間は面白いな、絶対ついていこう」

——そう思わせることに成功していると言ってもいいでしょう。

ところで、僕のコミュニティーの一番若い人は何歳かご存じですか？

答えは三歳です。実は僕のコミュニティーには三歳児の方もいて、お母さんが「辻さんのそばで成長して欲しい」ということで、一般の方と同じ会費三万円をいただいています。逆に一番年上は六六歳で、僕より倍も生きている方です。他にもご家族や息子さんも入ってくださっている人もいます。

三歳児から六六歳までいるコミュニティーなんて珍しいでしょう。

ここで満足することなく、僕は成長し続けないといけませんし、老若男女から愛されないといけません。ただし、人を巻き込んだら勝てることがこの数年でよく分かりました。

ですから僕は絶対、〝人生、巻き込んだ者勝《モン》ちや〟と思っています。

これまで何度も、〝正解は自分で創るものだ〟と書きましたけれど、僕はこの言葉が正解になるような未来を創ります。

これからもどんどん新しい人を次々と巻き込んで、驚くようなムーブメントを起こしていくつもりです。

辻 敬太

辻　敬太 （つじ けいた）

EARTH ホールディングス株式会社代表取締役社長

1989年4月6日生まれ。大阪府出身。九州共立大学卒業。少年時代から一心不乱に野球に打ち込み、プロを目指す。大学進学後も練習に励む日々を送っていたが、大学卒業を機にプロ入りの夢を断念。大学卒業後は地元の大阪に戻り、不動産会社に勤めながらバーで働くなかで起業を決意し、2016年に飲食事業を軸にした会社を設立。2017年には、飲食店や美容室のフランチャイズ事業を行う EARTHホールディングス株式会社を設立。順調に店舗数を伸ばし、飲食店はわずか2年半あまりで全国に約50店舗、美容室アンダーバーホワイトはわずか1年足らずで全国に約20店舗と急拡大しており、グループ売上高が30億円に達する企業に成長させた。その後、新会社設立を繰り返しながら、不動産、アパレル事業、化粧品開発、起業サロン（著名人のオンラインサロン月間売上ランキング第3位）など、数多くの事業を展開している。著書に、『従業員を惚れさせる「人に投資」する技術!!』（発行：ADPLEX 発売：オフィス・アトランダム）がある。

装幀：薄　良美
本文デザイン：大関直美
編集協力：萩原忠久

人生巻き込んだ者《モン》勝ち

2020年6月 5日　初版第1刷発行
2020年6月11日　初版第2刷発行

著　者：辻　敬太
発行者：藤本敏雄
発行所：有限会社万来舎
〒102-0072　東京都千代田区飯田橋 2-1-4　九段セントラルビル 803
電話　03 (5212) 4455
Email　letters@banraisha.co.jp

印刷所：株式会社光邦

ISBN978-4-908493-42-3